日本各地から空路4時間少々で手軽に出かけられるアジア屈指の観光地・香港。多くの人が使う言葉は、中国語方言の一つである広東語です。旅行者に対しては英語や普通話（日本人には日本語でも）で話しかけてくることが多い香港人に、広東語で返答したり、広東語でものを尋ねたりすると、「広東語を知ってるの？」と驚かれ、喜ばれて和やかな雰囲気が生まれます。広東語を使って街を歩けば香港の旅はますます楽しくなります。
　本書では、観光旅行で向かった香港で訪ねる観光スポットや食事など、滞在中のいろいろな場面を想定し、そこで知っていると便利な広東語会話文を厳選して紹介しています。
　本書にはまた、香港の乗り物ガイドも盛り込みました。交通インフラが整備されている香港では、公共交通を利用すると街歩きがいちだんと楽しく効率的になります。
　「これなら話せるかも」と思う言葉をみつけて、旅の途中でぜひ使ってみてください。「香港に行ってみたい！」「香港ってどんなところ？」と思っている方は、写真を見ながら街の雰囲気に触れてください。
　本書を手にした方が香港と広東語への興味をもってくださることを願いながら、旅を始めることとします。

目次

- 6　発音記号と発音
- 8　第1章　広東語基本の基本
- 20　第2章　香港エリアガイド
- 30　第3章　香港到着、ハーバーへ
  香港へ ／ 両替する ／ 空港アクセス ／ ホテル ／ ハーバー ／ ビクトリアピーク ／ 山道を歩く
- 50　第4章　伝統・文化　そして離島へ
  黄大仙 ／ バードガーデン ／ 博物館へ行く ／ フェリーに乗る ／ 海鮮料理を食べる

66 第5章 公共交通を使う
バス ／ ミニバス ／ MTR（地下鉄）／ 東鉄線 ／
MTR路線図 ／ 路面電車 ／ LRT ／ フェリー ／ タクシー

82 第6章 街を楽しむ
店頭で ／ オーダーメイド ／ 映画、コンサート ／
路上で出会う人たち ／ スーパーとコンビニ ／
ヒスイ市場 ／ 街の市場へ ／ 路上店舗に行く ／
朝の公園へ ／ マッサージへ行く ／ 甘いもの休憩 ／
夜景を見る ／ 朝食 ／ 飲茶する ／ 茶餐廳へ ／
生ジュースを飲む ／ レストランで食事
もっと楽しもう

133 第7章 エマージェンシー

コラムと情報

数字とお金 16 ／ オクトパス 35 ／ 広東語と普通話 49 ／
気候と冷房 57 ／ 繁体字と簡体字 65 ／ 同じ言葉も、違う意味 65 ／
乗り物の掲示（書き言葉）77 ／ 買い物やサービスの漢字 86 ／
香港街道地方指南 87 ／ インタウンチェックイン 91 ／
漢字で書く外来語 91 ／ 禁煙 113 ／ 看板 117 ／ 香港の祝日 124
※本書の情報は2014年6月現在のものです。

本書の発音記号と発音

【発音記号】
　会話文と単語には、広東語を読むための発音記号を付しています。
　記号は、アルファベットと番号の組合せ。1から6の番号に合わせて音の高さや語尾の上げ下げ（声調という）を付けて、アルファベットをローマ字のように読みます。

【カタカナ】
　さらに便宜のため、カタカナ読みも併せて付しています。ほとんどはローマ字の発音記号どおりに読めば問題はありません。
　カタカナ読みの語尾が「ム」「ンム」、「ンヌ」、「ング」、「ッブ」「ック」「ク」のとき、発声はそれぞれ以下のとおりとなります（本書では語尾を小さな字にしています）。

♪語尾の小さい文字は口の形を表しますが発声はしません。

　（例）　アム (am) =「ア」の後、口を閉じます（「ム」は声に出さない）

　　　　アング (ang) =「アン」の後、口を開けたまま「グ」の音を出すように喉に力をいれ、止めます（「グ」は声に出さない）

　　　　エンヌ (en) =「エン」の後、「ヌ」の音を出すように舌を上の歯の裏側に付け、止めます（「ヌ」は声に出さない）

　　　　アッブ (ap)、アック (ak) =「アッ」の後に「プ」、「ク」と続けるつもりで口を動かし、止めます（「プ」「ク」は声に出さない）

♪以下のような音もあります。

　　　　「エォ」(eu) =「エ」の口の形を作って「オ」を発声します。

　　　　「ンム」(m) = 口を閉じて「ム」と言いながら鼻から息を出します。

　　　　「ング」(ng) = 鼻濁音を出す要領です。
　　　　nga→「んが」、ngo→「んご」という感じです。「ん」は短めに、「g音を出す前に軽く鼻にかける」程度と思ってください。

【声調】
　広東語を話すときは、音の高さや語尾の上げ下げがとても重要です。同じ読み方でも、声調によって言葉の意味が変わります。日本語でもアメ（雨─飴）とかハシ（橋─箸）のように語尾の上げ下げで意味が変わるものはありますね。広東語も同じです。

♪　ハ：ha^1 →蝦（エビ）
　　　　ha^6 →夏

♪　ヤッ　ブン㇇ヌ：$yat^1\ bun^1$ →一般の
　　　　　　　　 $yat^6\ bun^2$ →日本

本書では声調を6種類とし、1から6の番号で表します。高低イメージは、図のようになります。

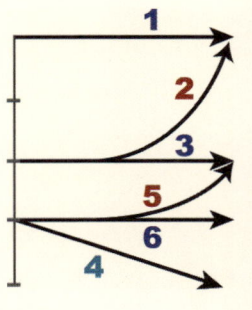

1　高く平らにのばす（陰平）
　　短く止める（陰入）

2　語尾を上げる（陰上）

3　中位で平らにのばす（陰去）
　　短く止める（中入）

4　語尾を下げる（陽平）

5　語尾を上げる（陽上）

6　低く平らにのばす（陽去）
　　短く止める（陽入）

　日本語の標準語発音をこの記号にあてはめるなら、「雨」は $a^1\ me^3$ で「飴」は $a^6\ me^3$ 、「橋」は $ha^6\ si^1$ で「箸」は $ha^1\ si^3$ 、という感じになると思います。
　ただ、単語の抑揚が違ってもなんとなく通じる日本語よりも広東語の声調は厳格で、高低が違うと話がさっぱり通じない、ということもしばしば。逆に、「少しくらい言葉を言い間違えても、声調が合っていれば会話は通じる！」という人がいますが、必ずしも冗談ではないようです。
　「あいうえお」を意識して、それぞれの口の動きをはっきりと。声を大きめに出しましょう。自信がないとつい小さな声になりがちですが、大きな声のほうが相手に意思が伝わりやすいでしょう。

第1章：
広東語基本の基本

簡単なあいさつの単語などで
実際にローマ字と数字の発音記号を練習してみましょう。
降り立ってすぐに使うことばを選んでみました。
飛行機の中で、まずはここだけでも読んでみてください。

你好。
nei⁵ hou²
ネイ ホウ

こんにちは。

第1章 :: 広東語基本の基本

10

あいさつは基本中のキホン。人間同士和やかにしたいし、トラブル防止のためにもいくつかのあいさつはマスターしましょう。「你好」は「こんにちは」の意味ですが、朝から夜までいつ使っても OK。「はじめまして」も、これで代用できます。

あいさつ

早晨!

jou² san⁶
ジョウ サヌ
おはよう!

第1章∶広東語基本の基本

唔該。
m⁴ goi¹
ンム ゴイ

すみません。

水をください。
畀啲水，唔該。
bei² di¹ seui² m⁴ goi¹
ベイ ディ セォイ ンム ゴイ

あいさつ

感謝の「すみません」や「ありがとう」、お店の人を呼ぶときや「お願いします」など、カバー範囲が広く、日本語の「どうも」に匹敵する便利なひとことです。

会計してください。
唔該, 埋單。
m⁴ goi¹ maai⁴ daan¹
ンム ゴイ マァイ ダァンヌ

第1章∷広東語基本の基本

多謝。
do¹ je⁶
ドジェ

ありがとう。

「多謝」は、何かをもらったときの感謝の言葉。
それ以外のありがとうは「唔該」を使います。

あいさつ

ごめんなさい。
唔好意思。
m⁴ hou² yi³ si¹
ンム ホウ イー シ

ごめんなさい。
對唔住。
deui³　m⁴　ju⁶
デォイ　ンム　ジュ

「ごめんなさい」は、「對唔住」より「唔好意思」のほうが軽くて広く使われます。さらに軽く、使用範囲が広いのは「Sorry」。軽くぶつかったときなど、よく耳にします。

第1章：広東語基本の基本

いくらですか？
幾多錢呀？
gei² do¹ chin² a³
ゲイ ド チンゥ ア

数字の単語

1	一	yat¹	ヤッ
2	二	yi⁶	イー
	兩	leung⁵	レォング
3	三	saam¹	サアム
4	四	sei³	セイ
5	五	ng⁵	ング
6	六	luk⁶	ロック
7	七	chat¹	チャッ
8	八	baat³	バァッ
9	九	gau²	ガウ
10	十	sap⁶	サップ
11	十一	sap⁶ yat¹	サップ ヤッ
12	十二	sap⁶ yi⁶	サップ イー
20	二十	yi⁶ sap⁶	イー サップ
21	二十一	yi⁶ sap⁶ yat¹	イー サップ ヤッ
	廿一	ya⁶ yat¹	ヤ ヤッ
30	三十	saam¹ sap⁶	サアム サップ
	卅	sa¹	サ
100	一百	yat¹ baak³	ヤッ バアック
101	一百零一	yat¹ baak³ ling⁴ yat¹	ヤッ バアック レング ヤッ
1000	一千	yat¹ chin¹	ヤッ チンゥ
10000	一萬	yat¹ man⁶	ヤッ マンゥ

買い物のとき

いくらですか？
點賣呀？
dim² maai⁵ a³
ディム マアイ ア

少し安くしてください
（まけてください）。
平啲啦！
ping⁴ di¹ la¹
ペング ディ ラ

数字は完全な十進法で数えます。10を超えると「イレブン」などの呼び方がある英語とは違い、「十」「一」となります。日本語との違いは、「2個」など数えるときは2が「兩」になることと、100や1000は「一百」、「一千」と言うこと、101のように位が飛ぶ数は「一百」と「一」の間にゼロ（零）を入れることなどです。

スーパーフレーズ

すみません

ちょっと、お願いします

あーどうも、ありがとう

↓

ぜんぶ、「**唔該**」で、なんとかなります。

　香港街歩きのとき覚えておくと便利な言葉は「唔該」。お役立ちフレーズで文句なしのトップに位置します。人を呼び止めるとき、注意を促すとき、感謝を表す場合や依頼の場合など用途が広く、多くのシーンで使われます。何かをしてもらうときには「お願いします」の意味にもなります。

　一番簡単な使い方は、もちろん「唔該」ひとこと。たとえば、混んだ電車で駅に着いたときの「すみません降りまーす」です。「唔該、唔該」と言いながら進んでいくと通路を空けてくれます。よく使われていますから、路面電車の中などで香港人の言う「唔該」を聴いて正しい発音を確認しましょう。

　レストランではお店の人を呼ぶときにも、また相手のサービスに対するお礼にも使えます。後ろにひとこと添えた「唔該晒」は、いろいろどうもお世話さま、というニュアンスです。

唔該　　唔該晒

m^4　goi^1　　　　m^4　goi^1　sai^6
ンム　ゴイ　　　　ンム　ゴイ　サイ

次に楽なのが、単語+「唔該」。
これだけで目的を達成できてしまうことも多いのです。

・タクシーでは「半島酒店」+「唔該」=「ペニンシュラホテルへ行ってください」

・食事のオーダーでは「雲呑麺」+「唔該」=「ワンタン麺をください」

・マッサージ店で「全身按摩」+「唔該」=「全身マッサージお願いします」

したいこと、欲しいものなどの単語を覚えていればとりあえずOK。会話文は長くてなかなか覚えられない……という人でも、これなら気軽に始められるでしょう。

唔該を使おう！

▼

香港の人に親切にしてもらったら、感謝の意味で「唔該」とひとこと。このとき相手が返す言葉は「唔晒」です。「どういたしまして」「いや、なんのなんの」のような意味です。

・用途の広い言葉ですが、同じ「すみません」でも謝罪のときには使いません。ぶつかって軽く謝るときなどには「sorry」、ごめんなさいという気持ちをさらに込めるなら「對唔住」などを使います。

・中国語（普通話）でよく聞く「シエシエ（謝謝）」にあたる言葉は、香港では「多謝」。物をもらったときにお礼を言う「ありがとう」は「多謝」、気持ちやサービスに対しての感謝は「唔該」と使い分けてみましょう。

對唔住   多謝

$deui^3$ m^4 ju^6 do^1 je^6
デォイ　ンム　ジュ　　　　　ド　ジェ

◎ 声 に 出 し て み よ う 、「 唔 該 」！

唔 m^4
口を閉じて、鼻から息を出す
「ンーむ」音を出しながら下げる。
口を丸めて突き出す「む」（mu）ではなく、
「ん」に近い音。でも、舌の根元を喉奥にはつけません。
口を閉じたままで声を出そうとすれば、自然に鼻から息が出ます。下げ方の目安は、ため息をつくような感じです。

該 goi^1
口を開ける。形は○（オー）。
日本語の「お」に近いが、意識してもう少し口を突き出す。
その前の「唔」から階段2段上ぐらい上がるイメージの高さで、「ごい」と発声します。

大きな声で　相手の顔を見て　手をあげる等のアクションを添えて

一度通じたら、もうこちらのものです。自信をもって使ってみましょう。

第2章：
香港エリアガイド

香港は中国広東省の南に位置します。東京から南西に約2800キロ、飛行機で4時間くらいの距離です。香港という言葉には2つの意味があります。日本語で「香港」と言うと、香港全域つまり香港特別行政区（特区）をさします。ところが、香港の人たちは「香港に行く」というような言い方をよくします。この場合は香港島を意味しているのです。地元ではむしろこの使い方のほうが多く、その場合でも「島」を付けずに「香港」と言います。
全体は右図のような地域に分けられます。離島は新界の一部ですが、大陸半島部の新界と分けて「離島」と呼ばれることが多いです。

香港国際空港
HK International Airport

大嶼山
Lantau Island

area #4
離島
lei⁴ dou²
レイ　ドウ

深圳
Shenzhen

area #3
新界 ニューテリトリー
san¹ gaai³
サンヌ ガァイ
New Territories

area #2
九龍 カオルーン
gau² lung⁴
ガウ ロング
Kowloon

ディズニー
ランド
Disneyland

area #1
香港島
heung¹ gong² dou²
ヘオング ゴング ドウ
Hong Kong Island

長洲
Cheung Chau

南Y島
Lamma Island

香港特別行政區
heung¹ gong² dak⁶ bit⁶ hang⁴ jing³ keui¹
ヘオング ゴング ダック ビッ ハング ジェング ケオイ

area #1
香港島

heung¹ gong² dōu²
ヘォング ゴング ドゥ

ケネディタウン
堅尼地城
gin³ nei⁴ dei⁶ sing⁴
ギンヌ ネイ デイ セング

サイインプン
西營盤
sai¹ ying⁴ pun⁴
サイ インぐ プンヌ

ションワン
上環
seung⁶ waan⁴
セオンぐ ワァンヌ

セントラル
中環
jung¹ waan⁴
ジョンぐ ワァンヌ

西營盤　上環
堅尼地城　中
半山區
▲山
香港f

超高層ビルが林立し、大通りに人も車も多く、活気あふれる香港の中心がビクトリアハーバーに面した香港島の北岸です。西端の堅尼地城から2階建て路面電車線路に沿って、個性豊かな市街地が東西方向に連なっています。北側市街地の多くは埋立地です。もともと香港島は海辺に平地の少ない岩山の島でした。そのため市街地を少し歩くと、建物が急坂を昇っていくように建つ、坂の街に入ります。坂の上は半山區と呼ばれる高級マンション地帯。その上のピークは高級住宅が点在し眺望もよい山上のエリアです。島の南側は明るく自然あふれる海岸線が続きます。スタンレー（赤柱）や浅水湾など、市街の喧騒を逃れてホッとできる小さな街が海辺に点在しています。香港島は「港島（區）」とも呼ばれます。

ワンチャイ
湾仔
waan1 jai2
ワァヌ ジャイ

コーズウェイベイ
銅鑼湾
tung1 lo4 waan1
トンッ ロ ワァヌ

ノースポイント
北角
bak1 gok3
バック ゴック

タイクー
太古
taai3 gu2
タァイ グ

サウゲイワン
筲箕湾
saau1 gei1 waan1
サァウ ゲイ ワァヌ

スタンレー
赤柱
chek3 chyu5
チェック チュ

レパルスベイ
淺水湾
chin2 seui2 waan1
チンヌ セオイ ワァヌ

アバディーン
香港仔
heung1 gong2 jai2
ヘオング ゴング ジャイ

セッオウ
石澳
sek6 ou3
セック オウ

ピーク
山頂
saan1 deng2
サァヌ デング

ミッドレベル
半山區
bun3 saan1 keui1
ブンヌ サァヌ ケォイ

第2章∷香港エリアガイド

area #2
九龍
カオルーン

gau² lung⁴
ガウ ロング

荔枝角
長沙湾
深水埗
大角咀

チムシャツイ
尖沙咀
jim¹ sa¹ jeui²
ジム サ ジェオイ

ジョーダン
佐敦
jo² deun¹
ジョ デオンヌ

ヤウマテイ
油麻地
yau⁴ ma⁵ dei²
ヤウ マ デイ

モンコック
旺角
wong⁶ gok³
ウォング ゴック

九龍は南北に街が連なります。中心の彌敦道は九龍の背骨。南端の尖沙咀はホテルや宝飾店、ショッピングセンターの集まる一大観光エリアです。そして、彌敦道に沿って油麻地、旺角と北に進むにしたがい、徐々に地元の人たちの楽しむエリアに街の表情が変貌していきます。
彌敦道が終わると街は北西と東に分かれて伸びていきます。これより北は獅子山に阻まれているからです。北西側は深水埗を中心とする、地味で人口密度が非常に高い市街地となります。東は黄大仙を経て観塘まで、高層住宅団地と、これまた高層の工場ビルが密集しています。

プリンスエドワード
太子
taai³ ji²
タァイ ジ

ダイコッチョイ
大角咀
daai⁶ gok³ jeui²
ダァイ ゴック ジェオイ

サムソイポー
深水埗
sam¹ seui² bou²
サム セォイ ボウ

チョンサワン
長沙湾
cheung⁴ sa¹ waan⁴
チェオング サ ワァンヌ

ウォンタイシン
黄大仙
wong⁴ daai⁶ sin¹
ウォング ダァイ シンヌ

クントン
觀塘
gun¹ tong¹
グンヌ トング

カオルーントン
九龍塘
gau² lung⁴ tong⁴
ガウ ロング トング

ライチコック
荔枝角
lai⁶ ji¹ gok³
ライ ジ ゴック

第2章 :: 香港エリアガイド

area #3
新界

ニューテリトリー

san¹ gaai³
サンヌ ガァイ

屯門

ユンロン
元朗
yun⁴ long⁵
ユンヌ ロング

チュンムン
屯門
tyun⁴ mun⁴
テュンヌ ムンヌ

サイクン
西貢
sai¹ gung³
サイ ゴンヶ

ニュータウン
新市鎮
san¹ si⁵ jan³
サンヌ シ ジャンヌ

新界とは新しい領域との意味で、1898年に英国が中国から99年間租借して香港植民地に加えたことが起源です。
九龍に比べ山野が多く、荒野の中に20世紀後半に開発された巨大ニュータウン（新市鎮）が点々としています。ほぼ中央を南北に東鉄線が通り、その東側は複雑な入り江の多い海岸のある地域、西側は香港最高峰の大帽山を中心とする山地が多くを占め、山の西側の平地に元朗や屯門の街があります。北西の海辺は湿地が広がっています。
新界の北側には、堅牢な柵で区切られた先に中国広東省深圳市があります。

國　廣東省
　　深圳
深圳
米埔
　　　　　上水
朗　　大帽山 ▲

西貢

ションソイ
上水
seung⁶ seui²
セオング セオイ

マイポー
米埔
mai⁵ bou³
マイ ボウ

中国
中國
jung¹ gwok³
ジョング グォック

カントン省
廣東省
gwong² dung¹ saang²
グォング ドング サアング

シンセン
深圳
sam¹ jan³
サム ジャンヌ

第2章∷香港エリアガイド

area #4
離島

lei⁴ dou²
レイ ドゥ

ランタオ島
大嶼山
daai⁶ yu⁴ saan¹
ダァイ ユ サァンヌ

ラマ島
南丫島
naam⁴ a¹ dou²
ナァム ア ドゥ

チョンチャウ島、チョウシュウ島
長洲
cheung⁴ jau¹
チェオング ジャウ

香港には200を超える大小の島があります。
最大の島はランタオ島（大嶼山）で、北側の香港国際空港と橋で結ばれています。
南丫島、長洲などの島々をフェリー航路が香港中心部と結び、ランタオ島の海岸には大団地ができています。海鮮料理を楽しむために離島へ出かける人もたくさんです。香港の海域は東西70キロ、南北47キロ程度ですから、どの島へのフェリー乗船時間もほとんど1時間以内です。

大嶼山

長洲

南丫島

29

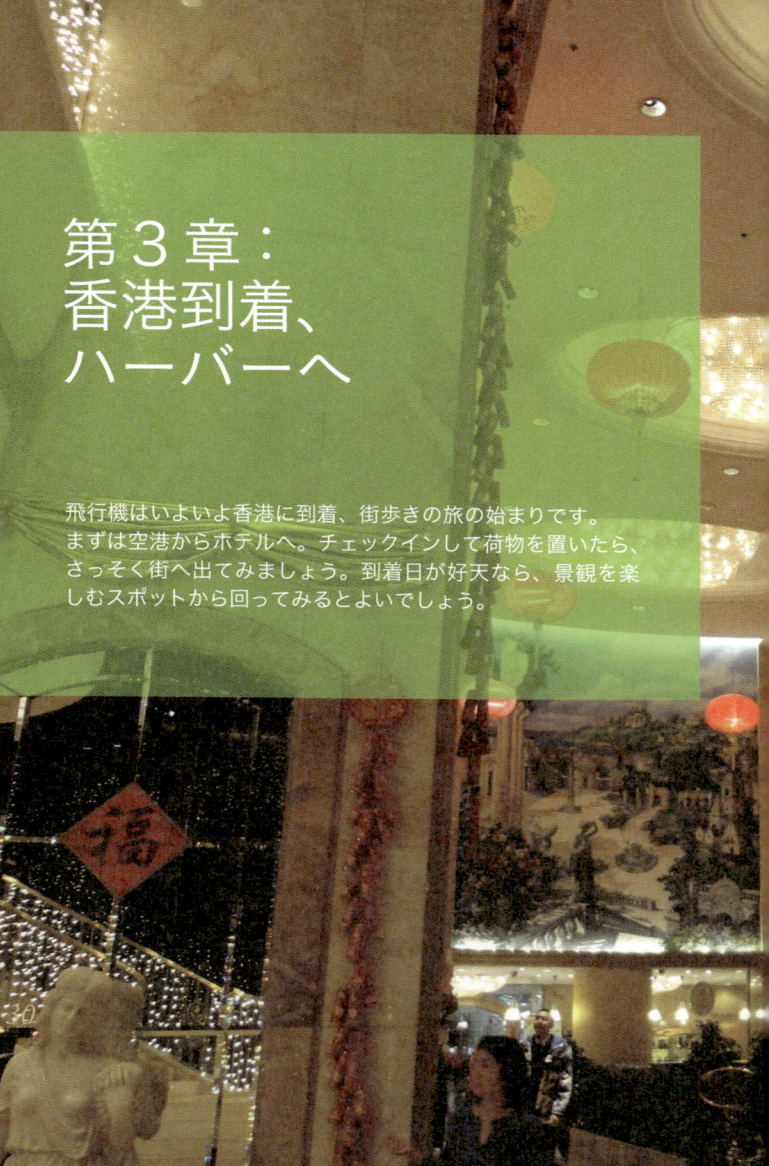

第 3 章：
香港到着、
ハーバーへ

飛行機はいよいよ香港に到着、街歩きの旅の始まりです。
まずは空港からホテルへ。チェックインして荷物を置いたら、
さっそく街へ出てみましょう。到着日が好天なら、景観を楽
しむスポットから回ってみるとよいでしょう。

旅行の目的は何ですか？
你嚟香港做乜嘢呀？
nei⁵ lei⁴ heung¹ gong² jou⁶ mat¹ ye⁵ a³
ネイ レイ ヘォング ゴング ジョウ マッ イェ ア

観光です。
旅遊。
leui⁵ yau⁴
レオイ ヤウ

何日間滞在しますか？
你打算留喺香港幾耐呀？
nei⁵ da² syun³ lau⁶ hai² heung¹ gong² gei² noi⁶ a³
ネイ ダ シュンヌ ラウ ハイ ヘォング ゴング ゲイ ノイ ア

4日間です。
四日。
sei³ yat⁶
セイ ヤッ

Arrival 香港へ

毛布をください。
唔該，畀一張氈我。
m⁴ goi¹ bei² yat¹ jeung¹ jin¹ ngo⁵
ンム ゴイ ベイ ヤッ ジェォング ジンヌ オ

香港の新聞はありますか？
有冇香港報紙呀？
yau⁵ mou⁵ heung¹ gong² bou³ ji² a³
ヤウ モウ ヘォング ゴング ボウ ジ ア

あの席に移動してもいいですか？
請問可唔可以調去嗰個位呀？
cheng⁶ man⁶ ho² m⁴ ho² yi⁵ diu⁶ heui³ go² go³ wai⁶ a³
チェング マンヌ ホ ンム ホ イー ディウ ヘォイ ゴ ゴ ワイ ア

入境のカードをください。
唔該，畀一張入境卡我。
m⁴ goi¹ bei² yat¹ jeung¹ yap⁶ ging² kaat¹ ngo⁵
ンム ゴイ ベイ ヤッ ジェォング ヤップ ギング カァッ オ

　香港国際空港は香港中心部から西へ約 30 キロ離れた埋立地の人工島にあります。日本から来ると香港中心部を高空で1回通過してから、海上に降りるように着陸。晴れていると上空からのすばらしい景色が楽しめます。

これは何ですか？
呢個係乜嘢呀？
ni¹ go³ hai⁶ mat¹ ye⁵ a³
ニ　ゴ　ハイ　マッ　イェ　ア

友人へのおみやげです。
畀朋友嘅手信。
bei² pang⁴ yau⁵ ge³ sau² seun³
ベイ　パング　ヤウ　ゲ　サウ　セオンヌ

お菓子です。
糕點。／零食。
gou¹ dim² ／ lin⁵ sik⁶
ゴウ　ディム／リンヌ　シック

　飛行機を降りたサテライトからイミグレーション、到着ロビー、空港特急ホームまで同じ平面にあるので、移動は非常にスムーズです。イミグレーションや税関などで質問されることはまれですが、最小限の言葉は覚えておくと安心です。

空港ターミナル
客運大樓
haak³ wan⁶ daai⁶ lau⁴
ハアック　ワンヌ　ダアイ　ラウ

ビザ
簽證
chim¹ jing³
チム　ジング

到着
抵港
dai² gong²
ダイ　ゴング

旅行者
旅客
leui⁵ haak³
レオイ　ハアック

パスポート
護照
wu⁶ jiu³
ウ　ジウ

入境
入境
yap⁶ ging²
ヤップ　ゲング

乗換え（飛行機）
轉機
jyun³ gei¹
ジュンヌ　ゲイ

荷物
行李
hang⁴ lei⁵
ハング　レイ

Exchange 両替する

香港の通貨は香港ドルです。空港内はややレートが悪いので、まず必要なだけ両替して市内に向かいましょう。

両替所は中心市街地にたくさんあります。両替レートや手数料は銀行でも両替店でもそれぞれ異なり、その差もかなり大きいので、2〜3店でレートを調べてから両替したほうが得です。銀行では定額の手数料をとるところが多いので、両替額が小さい場合はかなり不利になります。ほとんどの場合、日本で両替するより香港でのほうがよいレートとなります。

日本円を両替してください。
唔該，日本圓換港紙呀。
m^4 goi^1 yat^6 bun^2 yun^5 wun^6 $gong^2$ ji^2 a^3
ンム ゴイ ヤッ ブンヌ ユンヌ ウンヌ ゴングヌ ジ ア

3万円です。
三萬日圓。
$saam^1$ $maan^6$ yat^6 yun^5
サアム マアンヌ ヤッ ユンヌ

手数料はいりますか？
要唔要手續費呀？
yiu^3 m^4 yiu^3 sau^2 juk^6 fai^3 a^3
イウ ンム イウ サウ ジョック ファイ ア

いりません。
唔要。
m^4 yiu^3
ンム イウ

います。手数料は40ドルです。
要，收四十蚊。
yiu^3 sau^1 sei^3 sap^6 man^1
イウ サウ セイ サップ マンヌ

100ドル札にしてください。
畀一百蚊紙，唔該。
bei^2 yat^1 $baak^3$ man^1 ji^2 m^4 goi^1
ベイ ヤッ バアック マンヌ ジ ンム ゴイ

香港ドル
港幣
$gong^2$ bai^6
ゴング バイ

日本円
日元
yat^6 yun^4
ヤッ ユンヌ

両替
換錢
wun^6 $chin^2$
ウンヌ チンヌ

レート
匯率
wui^6 $leut^6$
ウイ レォッ

銀行
銀行
$ngan^4$ $hong^4$
ンガンヌ ホング

両替店
找換店
$jaau^2$ wun^6 dim^3
ジャアウ ウンヌ ディム

手数料
手續費
sau^2 juk^6 fai^3
サウ ジョック ファイ

海外からの旅客にもひと目でわかるように、空港には多くのピクトグラム表示があります。空港をはじめ市街にも様々な種類のサイン類があり、中国語の漢字が理解の手助けとなります。

オクトパス　　香港の旅はこれ１枚

　オクトパスはほとんどの乗り物に使えるIC乗車券にして、コンビニやスーパーで買物もできる電子マネー。お釣りが出ない香港のバスでも困りません。使い勝手は日本のSuicaやICOCAとほぼ同じです。

　大人用オクトパスは1枚150ドル。そのうち50ドルはデポジットなので、使えるのは100ドルとなります。駅やコンビニで追加チャージも簡単です。MTRではほとんどの区間で普通きっぷよりオクトパスのほうが安い運賃になっていて、MTRやバスの乗継割引など、オクトパス利用のによる料金優遇もあります。

　日本のICカードとの最大の違いは、カード上の残額が不足したときに「借りられる」こと。残額2ドルで改札口に入り、運賃7.5ドルの区間を乗っても下車駅の自動改札を出られます。このとき手許のオクトパスはマイナス5.5ドル、つまり5.5ドルの借りになり、次回チャージ時にこの分が引かれるので、100ドルをチャージするとカード上は94.5ドルとなります。この借りる額の上限は35ドルで、もちろん残額がゼロやマイナスのときは借入れはできません。

　香港に着いたら、空港でまず1枚買ってしまうのが一番。旅行者用に、MTR乗り放題のものや空港特急乗車可能なものもありますが、香港リピーターならあまりむずかしく考えずに通常版を買ってしまってもよいでしょう。最終チャージ日から3年間は有効です。

オクトパスを2枚ください。

畀兩張八達通我呀。

bei² leung⁵ jeung¹ baat³ daat⁶ tung¹ ngo⁵ a³
ベイ　レオング　ジェオング　バァッ　ダァッ　トング　オ　ア

払戻しをお願いします。

退款呀，唔該。

teui³ fun² a³ m⁴ goi¹
テォイ　フンヌ　ア　ンム　ゴイ

100ドルチャージしてください。

要加錢一百蚊，唔該。

yiu³ ga¹ chin² yat¹ baak³ man¹ m⁴ goi¹
イウ　ガ　チンヌ　ヤッ　バァック　マンヌ　ンム　ゴイ

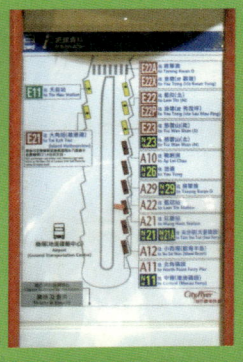

Airport Access 空港アクセス

　　空港と市内を結ぶ交通は、最も速い空港特急（AEL）からエアポートバス、路線バス、タクシー、トンチョン線普通電車など多種多様です。
　　AEL か、ホテルの近くにバス停のあるエアポートバスを利用するのが旅行者には便利です。

セントラルまで１枚ください。
一張去中環嘅飛，唔該。
yat^1 jeung^1 heui^3 jung^1 waan^4 ge^3 fei^1 m^4 goi^1
ヤッ ジェオング ヘオイ ジョング ワァンヌ ゲ フェイ ンム ゴイ

片道券をください。
單程飛，唔該。
daan^1 ching^5 fei^1 m^4 goi^1
ダァンヌ チング フェイ ンム ゴイ

100 ドルです。
一百蚊。
yat^1 baak^3 man^1
ヤッ バァック マンヌ

ルコックホテルに停まりますか？
停唔停六國酒店呀？
ting^4 m^4 ting^4 luk^6 gwok^3 jau^2 dim^3 a^3
テング ンム テング ロック グォック ジャウ ディム ア

停まります。
停。
ting^4
テング

空港特急
機場快綫
gei^1 cheung^4 faai^3 sin^3
ゲイ チェオング ファーイ シンヌ

AEL シャトルバス
機場快綫穿梭巴士
gei^1 cheung^4 faai^3 sin^3 chyun^1 so^1 ba^1 si^2
ゲイ チェオング ファーイ シンヌ チュング ソ バ シ

エアポートバス
機場巴士
gei^1 cheung^4 ba^1 si^2
ゲイ チェオング バ シ

トンチョン線
東涌綫
dung^1 chung^1 sin^3
ドング チョング シンヌ

エアポートバス「Cityflyer」は九龍地区や香港島の主要ホテル地区を通ります。AEL の香港駅と九龍駅からは、主要ホテルを結ぶ無料のシャトルバスが出ています。

Hotel ホテル

　　ホテルは超高級からエコノミーまで幅広く、予算や立地の好みで選べます。ゲストハウスやドミトリー形式のところなどもあります。多くのホテルではチェックイン時、保証金の代わりにクレジットカードの提示を求められます。

チェックインをお願いします。
Check in 呀，唔該。
Check in a³ m⁴ goi¹
チェックイン　ア　ンム　ゴイ

予約をしてあります。
我訂咗房嘅。
ngo⁵ ding³ jo² fong⁵ ge³
オ　デング　ジョ　フォング　ゲ

クレジットカードをお願いします。
信用咭，唔該。
seun³ yung⁶ kaat¹ m⁴ goi¹
セオンヌ　ヨング　カァッヌ　ンム　ゴイ

チェックアウトは何時ですか？
幾點鐘要 check out 呀？
gei² dim² jung¹ yiu³ check out a³
ゲイ　ディム　ジョング　イウ　チェックアウト　ア

12時です。
十二點鐘。
sap⁶ yi⁶ dim² jung¹
サップ　イー　ディム　ジョング

滞在は3泊ですね。
你喺度住三晚呀。
nei⁵ hai² dou⁶ jyu⁶ sam¹ maan⁵ a⁴
ネイ　ハイ　ドウ　ジュ　サム　マァンヌ　ア

チェックアウトは9月13日ですね。
你喺 9 月 13 號 check out。
nei⁵ hai² gau² yut⁶ sap⁶ saam¹ hou⁴ check out
ネイ　ハイ　ガウ　ユッ　サップ　サァム　ホウ　チェックアウト

はいそうです。
係呃。
hai⁶ aak³
ハイ　アァック

あまり安いホテルは、中心部から離れていたり、設備レベルが低いところもあるので要注意です。料金は季節や期日による変動が大きく、展示会や国際会議の時期などはかなり高くなります。

Hotel ホテル

この部屋は禁煙ルームですか？
呢間房食唔食得煙呀？
ni¹ gaan¹ fong² sik⁶ m⁴ sik⁶ dak¹ yin¹ a³
ニ ガァンヌ フォンヌ シック ンム シック ダック インヌ ア

禁煙ルームにしてください。
畀間禁煙房我啦。
bei² gaan¹ gam² yin¹ fong² ngo⁵ la¹
ベイ ガァンヌ ガム インヌ フォンヌ オ ラ

荷物は自分で運びます。
我自己攞行李啦。
ngo⁵ ji⁶ gei² lo² hang⁴ lei⁵ la¹
オ ジ ゲイ ロ ハンヶ レイ ラ

荷物を預かってください。
唔該幫我寄存呢個行李。
m⁴ goi¹ bong¹ ngo⁵ gei³ chyun⁴ ni¹ go³ hang⁴ lei⁵
ンム ゴイ ボンヶ オ ゲイ チュンヌ ニ ゴ ハンヶ レイ

1時までお願いします。
到一點鐘呀，唔該。
dou³ yat¹ dim² jung¹ a³ m⁴ goi¹
ドウ ヤッ ディム ジョンヶ ア ンム ゴイ

ドライヤーを貸してください。
唔該，借風筒畀我啦。
m⁴ goi¹ je³ fung¹ tung² bei² ngo⁵ la¹
ンム ゴイ ジェ フォンヶ トンヶ ベイ オ ラ

毛布をもう1枚ください。
唔該畀多張氈我。
m⁴ goi¹ bei² do¹ jeung¹ jin² ngo⁵
ンム ゴイ ベイ ド ジェオンヌ ジンヌ オ

テレビがつきません。見に来てください。
開唔到電視機，唔該幫我睇一睇吖。
hoi¹ m⁴ dou³ din⁶ si⁶ gei¹ m⁴ goi¹ bong¹ ngo⁵ tai² yat¹ tai² a¹
ホイ ンム ドウ ディンヌ シ ゲイ ンム ゴイ ボンヶ オ タイ ヤッ タイ ア

エアコンがつきません。
開唔到冷氣機。
hoi¹ m⁴ dou³ laang⁵ hei³ gei¹
ホイ ンム ドウ ラァンヶ ヘイ ゲイ

シャワーのお湯が出ません。
花灑冇熱水㗎。
fa¹ sa¹ mou⁵ yit⁶ seui² lei⁴
ファ サ モウ イッ セオイ レイ

お風呂が水漏れしています。
浴缸去水位塞唔實。
yuk⁶ gong¹ heui³ seui² wai⁶ sak¹ m⁴ sat⁶
ユック ゴング ヘオイ セオイ ワイ サック ンム サッ

グラスが汚れているので換えてください。
呢隻杯好污糟，唔該換咗佢啦。
ni¹ jek³ bui¹ hou² wu¹ jou¹ m⁴ goi¹ wun⁶ jo² keui⁵ la¹
ニ ジェック ブイ ホウ ウ ジョウ ンム ゴイ ウンヌ ジョ ケオイ ラ

セーフティボックスを借りたいのですが。
我想用保險箱，得唔得呀？
ngo⁵ seung² yung⁶ bou² him² seung¹ dak¹ m⁴ dak¹ a³
オ セオング ヨング ボウ ヒム セオング ダック ンム ダック ア

鍵をなくしました。
我唔見咗鎖匙。
ngo⁵ m⁴ gin³ jo² so² si⁴
オ ンム ギンヌ ジョ ソ シ

隣の部屋がうるさいです。
隔籬間房好嘈。
gaak¹ lei¹ gaan¹ fong² hou² chou⁴
ガアック レイ ガアンヌ フォング ホウ チョウ

ホテル	ゲストハウス	ツインルーム
酒店	**賓館**	**雙人房**
jau² dim³	ban¹ gun²	seung¹ yan⁴ fong²
ジャウ ディム	バンヌ グンヌ	セオング ヤンヌ フォング

シングルルーム	バスタブなし	朝食
單人房	**冇浴缸**	**早餐**
daan¹ yan⁴ fong²	mou⁵ yuk⁶ gong¹	jou² chaan¹
ダァンヌ ヤンヌ フォング	モウ ヨック ゴング	ジョウ チャアンヌ

予約	ルームキー	クレジットカード
預約	**鎖匙**	**信用咭**
yu⁶ yeuk³	so² si⁴	seun³ yung⁶ kaat¹
ユ イェオク	ソ シ	セオンヌ ヨング カァッ

シングルベッド	ダブルベッド	石鹸
單人牀	**雙人牀**	**番梘**
daan¹ yan⁴ chong⁴	seung¹ yan⁴ chong⁴	faan¹ gaan²
ダァンヌ ヤンヌ チョング	セオング ヤンヌ チョング	ファーンヌ ガァンヌ

シャンプー	タオル	灰皿
洗頭水	**毛巾**	**煙灰缸**
sai² tau⁴ seui²	mou⁴ gan¹	yin¹ fui¹ gong¹
サイ タウ セオイ	モウ ガンヌ	インヌ フイ ゴング

テレビのリモコン
遙控器
yiu⁴ hung³ hei³
イウ ホング ヘイ

Victoria Harbour ハーバー

　尖東駅から海に沿って続くプロムナード。ゆっくり人々が歩く東寄りは、香港映画の巨星たちの手形プレートが並ぶ"アベニュー・オブ・スターズ"。名優、大監督のなかでも、ブルース・リーは別格なのか、手形に加え銅像もあって格好の撮影ポイントになっています。実はブルース・リーは英語名。地元ではより頻繁に「李小龍」と呼ばれているのです。スター（中文は直訳の明星！）の名をたどりながら歩くと、中英２つの名をもつ香港人の文化が少しみえてきます。

写真を撮ってくれますか？
可唔可以幫我影相呀？
ho^2 m^4 ho^2 yi^5 bong^1 ngo^5 ying^2 seung^2 a^3
ホンム　ホイー　ボング　オ　イェング　セオング　ア

ここ（シャッターボタン）を押してください。
撳呢度唔該。
gam^6 ni^1 dou^6 m^4 gol^1
ガム　ニ　ドウンム　ゴイ

一、二、三！
一，二，三！
yat^1 yi^6 saam^1
ヤッ　イー　サアム

写真を撮ってもいいですか？
可唔可以影相呀？
ho^2 m^4 ho^2 yi^5 ying^2 seung^2 a^3
ホンム　ホイー　イェング　セオング　ア

一緒に（写真に）入りましょう。
一齊影張相啦。
yat^1 chai^4 ying^2 jeung^1 seung^2 la^1
ヤッ　チャイ　イェング　ジェオング　セオング　ラ

記念写真を撮るとき、多くの香港人たちは「一、二、三！」と声をかけています。「三！」の後、テンポとしては「四」にあたるタイミングでパチリ。日本の「はいチーズ」の後と同じです。シャッターをお願いして「one,two,three!」と合図を出されたら、「four」のあたりで笑えばOKです。

私は高橋です。
我叫高橋。
ngo⁵ giu³ gou¹ kiu⁴
オ ギウ ゴウ キウ

ブルース・リーのプレートはどこですか？
Bruce Lee 嘅牌匾喺邊度呀？
Bruce Lee ge³ paai⁴ bin² hai² bin¹ dou⁶ a³
ブルース・リー ゲ パァイ ビンヌ ハイ ビンヌ ドウ ア

ここですよ。彼は李小龍というんです。
喺呢度。 佢叫李小龍。
hai² ni¹ dou⁶ keui⁵ giu³ lei⁵ siu² lung⁴
ハイ ニ ドウ ケォイ ギウ レイ シウ ロング

どこから来たのですか？
你喺邊度嚟呀？
nei⁵ hai² bin¹ dou⁶ lei⁴ a³
ネイ ハイ ビンョ ドウ レイ ア

日本からです。
喺日本嚟。
hai² yat⁶ bun² lei⁴
ハイ ヤッ ブンョ レイ

私は日本人です。
我係日本人。
ngo⁵ hai⁶ yat⁶ bun² yan⁴
オ ハイ ヤッ ブンョ ヤンョ

仕事で来たのですか？
你係做嘢嚟香港㗎？
nei⁵ hai⁶ jou⁶ ye⁵ lei⁴ heung¹ gong² ga³
ネイ ハイ ジョウ イェ レイ ヘォンッ
ゴンッ ガ

観光旅行で来ました。
旅遊嚟呢度。
leui⁵ yau⁴ lei⁴ ni¹ dou⁶
レォイ ヤウ レイ ニ ドウ

Victoria Harbour ビクトリアハーバー

　　九龍と香港島に挟まれた海、ビクトリアハーバーは香港を代表する景色。どこから眺めても、早朝から深夜まで多彩な港の表情を見せてくれます。尖沙咀と中環を結ぶスターフェリーから眺める両岸の景色は美しく、超高層ビル群が海岸に投影されてライトブルーの蜃気楼のよう。香港に来たら一度はスターフェリーでハーバーを渡ってみてください。

九龍側から見た香港島の夜景

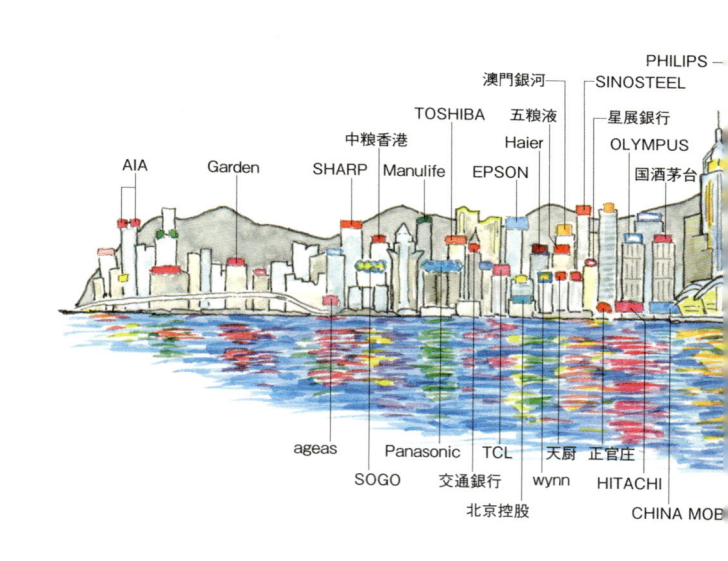

PHILIPS — SINOSTEEL — 澳門銀河 — 星展銀行 — TOSHIBA — 五粮液 — OLYMPUS — 中粮香港 — Haier — 国酒茅台 — SHARP — Manulife — EPSON — AIA — Garden

ageas — SOGO — Panasonic — 交通銀行 — TCL — 北京控股 — 天厨 — wynn — 正官庄 — HITACHI — CHINA MOB

ビクトリアハーバー
維多利亞港
wai⁴ do¹ lei⁶ nga³ gong²
ワイ　ド　レイ　ア　ゴング

映画
電影
din⁶ ying²
ディンヌ　イェング

カメラ
相機
seung² gei¹
セオング　ゲイ

アベニューオブスターズ
星光大道
sing¹ gwong¹ daai⁶ dou⁶
セング　グォング　ダァイ　ドウ

スター
明星
ming⁴ sing¹
メング　セング

三脚
三脚架
saam¹ geuk³ ga³
サァム　ゲオク　ガ

港
海港
hoi² gong²
ホイ　ゴング

歌手
歌星
go¹ sing¹
ゴ　セング

きれいですね。
好靚啊。
hou² !eng³ a³
ホウ レング ア

あそこは湾仔です。
嗰度係灣仔。
go² dou⁶ hai⁶ waan¹ jai²
ゴ ドウ ハイ ワァンヌ ジャイ

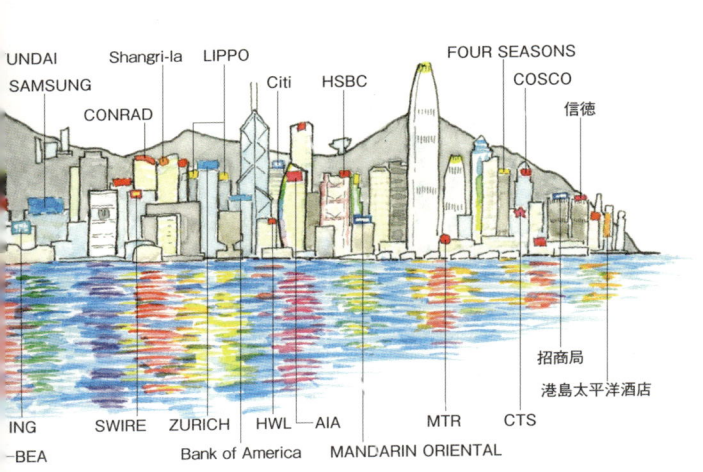

UNDAI
SAMSUNG
Shangri-la
CONRAD
LIPPO
Citi
HSBC
FOUR SEASONS
COSCO
信徳

招商局
港島太平洋酒店

ING
SWIRE
ZURICH
HWL
AIA
MTR
CTS
-BEA
Bank of America
MANDARIN ORIENTAL

45

The Peak ビクトリアピーク

　港と同じく19世紀の英国ビクトリア女王の名を冠した、海抜400メートルのビクトリアピークはもうひとつのビューポイント。中環スターフェリー埠頭の前からピークトラムのりば行きのバスが出ます。運がいいと、2階に屋根のないオープントップバスに乗れます。
　バス終点の花園道からはピークトラム。頭を支える首が痛くなるほどの急坂を登り、右車窓には見事なハーバーの景色が広がります。香港で「ピーク」というと普通は山の頂上ではなく、地名としてのこの一帯をさします。

このバスはピークトラム駅に行きますか？
呢架巴士去唔去山頂纜車站呀？
$ni^1\ ga^3\ ba^1\ si^2\ heui^3\ m^4\ heui^3\ saan^1\ deng^2\ laam^6\ che^1\ jaam^6\ a^3$
ニ　ガ　バ　シ　ヘォイ　ンム　ヘォイ　サァンヌ　デング　ラァム　チェ　ジャアム　ア

オープントップバスはいつ来ますか？
開篷巴士幾時嚟呀？
$hoi^1\ pung^4\ ba^1\ si^2\ gei^2\ si^4\ lei^4\ a^3$
ホイ　プング　バ　シ　ゲイ　シ　レイ　ア

次のバスです。
下一班巴士。
$ha^6\ yat^1\ baan^1\ ba^1\ si^2$
ハ　ヤッ　バァンヌ　バ　シ

往復券をください。
唔該，畀來回飛我呀。
$m^4\ goi^1\ bei^2\ loi^4\ wui^4\ fei^1\ ngo^5\ a^3$
ンム　ゴイ　ベイ　ロイ　ウイ　フェイ　オ　ア

いい天気だよ。
天氣好好。
$tin^1\ hei^3\ hou^2\ hou^2$
ティンヌ　ヘイ　ホウ　ホウ

歩いて帰りましょう。
行路返去啦。
$haang^4\ lou^6\ faan^1\ heui^3\ la^1$
ハァング　ロウ　ファーンヌ　ヘォイ　ラ

バスやピークトラムを利用するのも楽しいけれど、ピークにはもちろん徒歩ルートのハイキング道もあります。天気がよければ、帰り道を歩いてみるのもおもしろいでしょう。山坂を歩ける靴と水分補給の準備は必要です。ピークからの下りは、香港ハイキングの入門編といったところ。うっそうとした木々の切れ間を見下ろすと、見たことのない角度から香港島と九龍のパノラマが広がります。すれ違う遠足の小学生やジョギングする人、みんな思い思いに香港の自然を楽しんでいます。

おはよう。
早晨。
jou^2 san^4
ジョウ　サンヌ

こんにちは。
你好。
nei^5 hou^2
ネイ　ホウ

暑い！
好熱啊！
hou^2 yit^6 a^3
ホウ　イッ　ア

疲れた！
好劫啊！
hou^2 gui^6 a^3
ホウ　グイ　ア

おなかがすいた！
好肚餓啊！
hou^2 tou^5 ngo^6 a^3
ホウ　トウ　オ　ア

オープントップバス
開篷巴士
hoi^1 pung^4 ba^1 si^2
ホイ　ブンヶ　バ　シ

ビクトリアピーク
山頂
saan^1 deng^2
サアンヌ　デンヶ

花園道
花園道
fa^1 yun^4 dou^6
ファ　ユンヌ　ドウ

ピークトラム
山頂纜車
saan^1 deng^2 lam^6 che^1
サアンヌ　デンヶ　ラム　チェ

ピークトラム乗り場
山頂纜車站
saan^1 deng^2 lam^6 che^1 jaam^6
サアンヌ　デンヶ　ラム　チェ　ジャアム

往復乗車券
來回飛
loi^4 wui^4 fei^1
ロイ　ウイ　フェイ

片道乗車券
單程飛
daan^1 ching^4 fei^1
ダアンヌ　チェンヶ　フェイ

ピークタワー
凌霄閣
ling^4 siu^1 gok^3
レンヶ　シウ　ゴッヶ

Hiking 山道を歩く

　意外かもしれませんが、香港には自然を楽しみながら歩くことのできるハイキングコースが数多くあるのです。本格的なコースは距離も長く時間がかかるので、観光客としては2時間程度で歩けるルートから挑戦するのが楽しく、また安全でもあります。静かな山道からの風景は「これが香港?」と思うほど新鮮。道や標識類が整備されているコースも多いので、初心者も楽しめます。
　コース終点にお楽しみをとっておくと、ちょっと疲れても頑張れるでしょう。たとえば南丫島縦断コースを歩けば、2時間後には終点近くで海鮮料理を楽しむこともできます。街の書店で「遠足攻略」などのガイド本を購入してコース研究してみるのもおすすめです。足元と水分補給にはご注意を。タオルや帽子も必携です。

終点までもうすぐですか?
係唔係差唔多總站呀?
hai⁶ m⁴ hai⁶ cha¹ m⁴ do¹ jung² jaam⁶ a³
ハイ ンム ハイ チャン ム ド ジョング ジャァム ア

景色がきれいですね。
風景好靚啊。
fung¹ ging² hou² leng³ a³
フォング ゲング ホウ レング ア

この道を行けば、香港大学に着きますか?
呢條路去唔去香港大學呀?
ni¹ tiu⁴ lo⁴ heui³ m⁴ heui³ heung¹ gong² daai⁶ hok⁶ a³
ニ ティウ ロ ヘオイ ンム ヘオイ ヘオング ゴング ダァイ ホック ア

足が痛いから、休憩しましょう。
對腳好痛, 唞一陣啦。
deui³ geuk³ hou² tung³ tau² yat¹ jan⁶ la¹
デォイ ゲォック ホウ トング タウ ヤッ ジャンヌ ラ

水をください。
唔該, 畀一杯水我呀。
m⁴ goi¹ bei² yat¹ bui¹ seui² ngo⁵ a³
ンム ゴイ ベイ ヤッ ブイ セオイ オ ア

| ハイキング | トレッキングロード | 散歩 |

行山
haang⁴ saan¹
ハァンヶ サァンヌ

步行徑
bou⁶ haang⁴ ging³
ボウ ハァンヶ ゲンヶ

散步
saan³ bou⁶
サァンヌ ボウ

スポーツドリンク / 足が痛い / 熱中症

運動飲品
wan⁶ dung⁶ yam² ban²
ワンヌ ドンヶ ヤム バンヌ

腳痛
geuk³ tung³
ゲォク トンヶ

中暑
jung³ syu²
ジョンヶ シュ

日焼け止め / 帽子

防曬膏
fong⁴ saai³ gou¹
フォンヶ サァイ ゴウ

帽
mou²
モウ

タオル / 緊急電話

毛巾
mou⁴ gan¹
モウ ガンヌ

緊急電話
gar² gap¹ din⁴ wa²
ガンヌ ガッブ ディンヌ ワ

広東語と普通話

　香港で主に話されている広東語は中国の方言のひとつで、香港の北側に広がる広東省で広範に使われています。方言相互間では通訳がいるくらいで、広東語を母語とする香港人は学習しないと北京語は話せません。たとえば「こんにちは」の「你好」は、北京語では「ニーハオ」、広東語では「ネイホウ」。これくらい違うのです。

　これでは不便ということで、中国では全国共通に通じる言葉として北京語を基とした普通話が、教育やメディアなど社会全般で使われています。日本で「中国語」というと、通常はこの普通話をさします。

　話し言葉はこのように差がはなはだしいのですが、書き言葉は普通話の文を書くので同じです。ただ、同じ漢字の並ぶ文でも、声に出して読むと方言により発音が違います。このほか広東語独特の言葉も多いため、話し言葉をそのまま書くこともあります。この場合は漢字をあて字的に使うので、広東語を知らない他地域の中国人にとっては意味不明な文になってしまいます。

　つまり広東語話者にとって書き言葉は、普通話を文字にした正式な中国語の文と、普段話している口語をそのまま書く文の2通りあることになります。香港の新聞や雑誌などは前者の正式な文で書かれています。本書は会話を表記するために口語をそのまま文にしてあります。

　漢字には昔からある繁体字と中華人民共和国成立後にできた簡体字があります。簡体字が中国で使われていることもあって、簡体字＝普通話、繁体字＝広東語と誤解されることもあるようです。しかし、どちらの漢字を使っても中国語の文を書くことができます。

第 4 章：
伝統・文化
そして離島へ

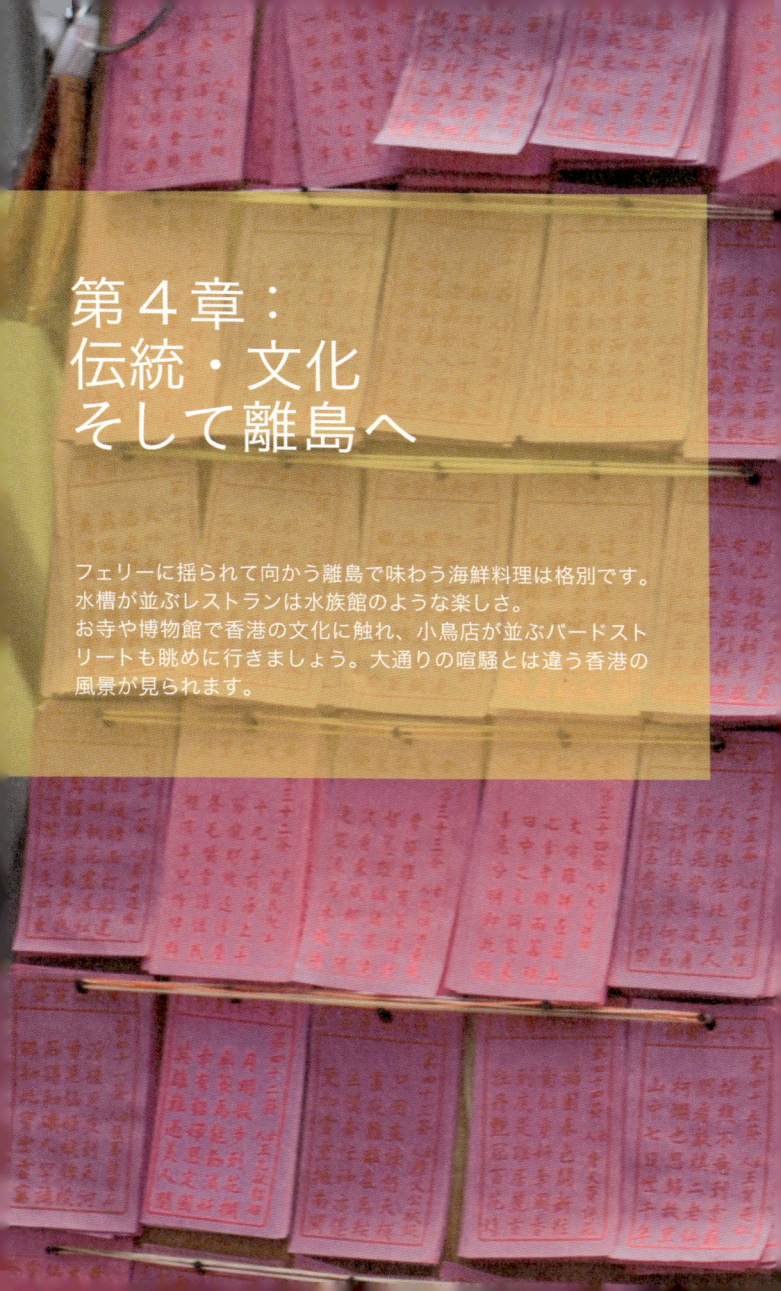

フェリーに揺られて向かう離島で味わう海鮮料理は格別です。
水槽が並ぶレストランは水族館のような楽しさ。
お寺や博物館で香港の文化に触れ、小鳥店が並ぶバードストリートも眺めに行きましょう。大通りの喧騒とは違う香港の風景が見られます。

どこへ行くの？
去邊度呀？
heui³ bin¹ dou⁶ a³
ヘォイ ビンヌ ドウ ア

東鉄線に乗って、博物館に行ってきます。
我坐東鐵去博物館。
ngo⁵ cho⁵ dung¹ tit³ heui³ bok⁵ mat⁶ gun²
オ チョ ドング ティッ ヘォイ ボック マッ グンヌ

だれと行くの？
你同邊個去呀？
nei⁵ tung⁴ bin¹ go³ heui³ a³
ネイ トング ビンヌ ゴ ヘォイ ア

お友だちと行きます。
同朋友一齊去。
tung⁴ pang⁴ yau⁵ yat¹ chai¹ heui³
トング パング ヤウ ヤッ チャイ ヘォイ

Wong Tai Sin 黄大仙

香港のお寺を見たいなあ。
我想睇香港嘅寺廟。
ngo^5 seung^2 tai^2 heung^1 gong^2 ge^3 ji^6 miu^6
オ　セォング　タイ　ヘォング　ゴング　ゲ　ジ　ミウ

では、地下鉄に乗って、黄大仙に行きましょう。
咁，坐地鐵去黃大仙啦。
gam^2 cho^5 dei^6 tit^3 heui^3 wong^4 daai^6 sin^1 la^1
ガム　チョ　デイ　ティッ　ヘォイ　ウォング　ダァイ　シンヌ　ラ

占いをしてほしいな。
我想求簽。
ngo^5 seung^2 kau^4 chim^1
オ　セォング　カウ　チム

香港では、仏教、道教、キリスト教はじめ様々な信仰が街に混在しています。
　海に囲まれた土地のせいか、よく見かけるのは天后廟。海の守護神といわれています。上環にある文武廟は学問と武勇の英雄を祀っています。香立てにたくさんの線香が立てられ、天井からは渦巻状の線香が下がっています。大きな寺といえば車公廟、黄大仙など。多くの参拝客が真剣に祈りを捧げています。

お線香はいりません。
唔要香。
m^4 yiu^3 heung^1
ンム　イウ　ヘォング

１つください。　　いくらですか？
我要一注。　幾多錢呀？
ngo^5 yiu^3 yat^1 jyu^3　　gei^2 do^1 chin^4 a^3
オ　イウ　ヤッ　ジュ　　ゲイ　ド　チンヌ　ア

火は、どこでつけるんですか？
喺邊度點香呀？
hai^2 bin^1 dou^6 dim^2 heung^1 a^3
ハイ　ビンヌ　ドウ　ディム　ヘォング　ア

　黄大仙でまず出会うのは線香売りの人たち。声をかけられても、いらなければ断ってかまいません。買ったらまず全部に火をつけ、香立てに線香をさして回ります。
１回に立てる線香は３本ずつ。周りの人をまねて、祈ってみてください。心を込めれば、しぐさが少し違っていても大丈夫でしょう。

占いは、どこでやっていますか？

邊度有得解簽呀？
bin¹ dou⁶ yau⁵ dak¹ gaai³ chim¹ a³
ビンヌ ドウ ヤウ ダック ガァイ チム ア

いくらですか？ 　　料金表はありますか？

幾多錢呀？　　有冇價錢表呀？
gei² do¹ chin² a³　　yau⁵ mou⁵ ga¹ chin⁴ biu² a³
ゲイ ド チンヌ ア　　ヤウ モウ ガ チンヌ ビウ ア

日本語で占ってもらえますか？

可唔可以用日文解簽呀？
ho² m⁴ ho² yi⁵ yung⁴ yat⁶ man⁴ gaai³ chim¹ a³
ホ ム ホ イー ヨング ヤッ マンヌ ガァイ チム ア

天后廟
天后廟
tin¹ hau⁶ miu²
ティンヌ ハウ ミウ

車公廟
車公廟
che¹ gung¹ miu²
チェ ゴング ミウ

寶蓮寺
寶蓮寺
bou⁶ lin⁴ ji⁶
ボウ リンヌ ジ

キリスト教会
基督教教會
gei¹ duk¹ gaau³ gaau³ wui²
ゲイ ドック ガァウ ガァウ ウイ

占い（手相、人相など）
占卜
jim¹ buk¹
ジム ブック

文武廟
文武廟
man⁴ mou⁵ miu²
マンヌ モウ ミウ

萬仏寺
萬佛寺
maan⁶ fat⁶ ji⁶
マァンヌ ファッジ ジ

お参り
拜神
baai³ san⁴
バァイ サンヌ

イスラム寺院
清眞寺
ching¹ jan¹ ji⁶
チング ジャンヌ ジ

木箱を振るとポロリと１本、番号の書かれた筮竹が箱から飛び出してきます。その番号の紙に書かれたお告げを、さらに占い師が解読してくれます。占い師は広東語しかできない人が多いけれど、英語や日本語の通じる人もいるので、尋ねてみましょう。

53

Bird Garden バードガーデン

太子駅から少し歩くと、大きな門の向こうから小鳥の声が聞こえてきます。バードガーデンは小鳥店やエサの虫を扱う店が集まっている一角です。旺角・康樂街から、再開発のため1998年に移転してきました。木々の緑が豊かな公園が隣接し、鳥かごを持った人が集まって自分の鳥を仲間に自慢しています。

ここがバードガーデンだよ。
呢度就係雀鳥公園喇。
ni¹ dou⁶ jau⁶ hai⁶ jeuk³ niu⁵ gung¹ yun⁴ la³
ニ　ドウ　ジャウ　ハイ　ジェオッ　ニウ　ゴンッ　ユンヮ　ラ

ちょっと、入ってみましょう。
入去睇吓啦。
yap⁶ heui³ tai² ha⁵ la¹
ヤップ　ヘォイ　タイ　ハ　ラ

かわいい鳥ですね。
雀仔好得意呀。
jeuk³ jai² hou² dak¹ yi³ a³
ジェオッ　ジャイ　ホウ　ダック　イー　ア

その鳥かごを見せてください。
我想睇嗰個。
ngo⁵ seung² tai² go² go³
オ　セォンッ　タイ　ゴ　ゴ

いい声で鳴きますね。
把聲好聽呀。
ba² sing¹ hou² teng¹ a³
バ　センッ　ホウ　テンッ　ア

きれい！
好靚呀！
hou² leng³ a³
ホウ　レンッ　ア

いくらですか？
幾多錢呀？
gei² do¹ chin⁴ a³
ゲイ　ド　チンヮ　ア

私も鳥を飼っているんですよ。
我都養雀仔。
ngo⁵ dou¹ yeung⁵ jeuk³ jai²
オ　ドウ　イェオンッ　ジェオック　ジャイ

同じ種類の店が同じ道沿いに並んでいるのも、香港街歩きの見どころのひとつ。ほしい物を一気に見ることができて便利です。1軒ごとの品揃えは似たようなところも多く、各店の価格もそれほど差がないことが多いようですが、これだけ数があると、どこかで欲しいものが見つかるような気がします。

花園街 (スポーツ用品)
花園街
fa¹ yun⁴ gaai¹
ファ　ユンヌ　ガァイ

上海街 (調理器具等)
上海街
seung⁶ hoi² gaai¹
セォング　ホイ　ガァイ

文華里 (印章)
文華里
man⁴ wa⁶ lei⁵
マンヌ　ワ　レイ

通菜街 (女人街＝女性の衣料)
通菜街（女人街）
tung¹ choi³ gaai¹ (neui⁵ yan² gaai¹)
トング　チョイ　ガァイ（ネォイ　ヤンヌ　ガァイ）

荷李活道 (骨董品)
荷李活道
ho⁴ lei⁵ wut⁶ dou⁶
ホ　レイ　ウッ　ドゥ

Museum 博物館へ行く

　数多い文化施設の中では、歴史博物館(尖沙咀)、文化博物館(沙田)のスケールがとくに目を引きます。常設展示のほか、テーマを絞った期間展示も多く開催されます。文化博物館ではシアターで広東オペラの実演を見るチャンスも。

この電車は沙田に行きますか？
呢班車去唔去沙田呀？
ni^1 baan^1 che^1 heui^3 m^4 heui^3 sa^1 tin^4 a^3
ニ バァンヌ チェ ヘォイ ンム ヘォイ サ ティンヌ ア

沙田までどのくらい（時間が）かかりますか？
去沙田要幾耐呀？
heui^3 sa^1 tin^4 yiu^3 gei^2 noi^6 a^3
ヘォイ サ ティンヌ イウ ゲイ ノイ ア

文化博物館はどちらですか？
文化博物館喺邊度呀？
man^4 fa^3 bok^3 mat^6 gun^2 hai^2 bin^1 dou^6 a^3
マンヌ ファ ボック マッ グンヌ ハイ ビンヌ ドゥ ア

歩いていけますか？
可唔可以行路去呀？
ho^2 m^4 ho^2 yi^5 haang^4 lou^6 heui^3 a^3
ホ ンム ホ イー ハァンヌ ロウ ヘォイ ア

バスはありますか？　バス停はどこですか？
有冇巴士呀？　巴士站喺邊度呀？
yau^5 mou^5 ba^1 si^2 a^3　　ba^1 si^2 jaam^6 hai^2 bin^1 dou^6 a^3
ヤウ モウ バ シ ア　　バ シ ジァムヌ ハイ ビンヌ ドゥ ア

2人です。いくらですか？
兩位。要幾多錢呀？
leung^5 wai^6 yiu^3 gei^2 do^1 chin^4 a^3
レォンヌ ワイ イウ ゲイ ド チンヌ ア

何時までですか？
幾點收呀？
gei^2 dim^2 sau^1 a^3
ゲイ ディムヌ サウ ア

トイレはどこですか？
洗手間喺邊度呀？
sai^2 sau^2 gaan^1 hai^2 bin^1 dou^6 a^3
サイ サウ ガァンヌ ハイ ビンヌ ドゥ ア

すみません、これは無料ですか？
請問，呢個係唔係免費呀？
cheng^2 man^6 ni^1 go^3 hai^6 m^4 hai^6 min^5 fai^3 a^3
チェンヌ マンヌ ニ ゴ ハイ ンム ハイ ミンヌ ファイ ア

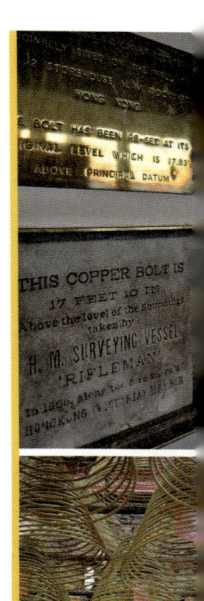

このほかにも海防(筲箕湾)、海事(中環)、医学(中環)、警察(湾仔峡)、映画(西湾河)、鉄路(新界・大埔墟)などの中規模博物館も各所に点在します。

平日の博物館はどこもそれほど込み合わず、入場料も安いので、街歩きに疲れたら立ち寄って静かな時を過ごせます。冷房もあり、トイレもきれい。施設によってはみやげ物ショップもあり、便利なスポットです。

気候と冷房

　香港は沖縄〜台湾より南、北緯22度に位置します。つまりとても暑い。加えて湿度が高く、夏は日本の梅雨と真夏がいっぺんにきた感じです。いちおう四季の変化はあって、冬は10度以下になることもあります。日本人にとっては寒く感じる日はあまり多くはないのですが、地元の人には厚着が目につきます。

　お店やレストラン、乗り物では冷房が強烈に効いています。ホテルから外に出るとカメラのレンズが曇ってしまうときがあるくらいです。夏でも冷房対策に羽織るものを1着持っているとよいでしょう。香港で「空調」という言葉は暖房のことを含まない単なる冷房と考えてほぼ間違いありません。

暑い	寒い	冷房	冷房
熱	**凍**	**冷房**	**空調**
yit^6	dung^3	laang^5 hei^3	hung^1 tiu^4
イッ	ドンヶ	ラァンヶ ヘイ	ホンヶ ティウ

春	夏	秋	冬
春天	**夏天**	**秋天**	**冬天**
cheun^1 tin^1	ha^6 tin^1	chau^1 tin^1	dung^1 tin^1
チェオンヌ ティンヌ	ハ ティンヌ	チャウ ティンヌ	ドンヶ ティンヌ

歴史博物館
歷史博物館
lik^1 si^2 bok^3 mat^6 gun^2
リック　シ　ボック　マッ　グンヌ

海防博物館
海防博物館
hoi^2 fong^4 bok^3 mat^6 gun^2
ホイ　フォング　ボック　マッ　グンヌ

海事博物館
海事博物館
hoi^2 si^6 bok^3 mat^6 gun^2
ホイ　シ　ボック　マッ　グンヌ

警察博物館
警隊博物館
ging^2 deui^6 bok^3 mat^6 gun^2
ゲング　デオイ　ボック　マッ　グンヌ

パンフレット
手冊
sau^2 chaak^3
サウ　チャアック

入場料
入場費
yap^6 cheung^4 fai^3
ヤップ　チェオング　ファイ

文化博物館
文化博物館
man^4 fa^3 bok^3 mat^6 gun^2
マンヌ　ファ　ボック　マッ　グンヌ

映画資料館
電影資料館
din^6 ying^2 ji^1 liu^2 gun^2
ディンヌ　イェング　ジ　リウ　グンヌ

医学博物館
醫學博物館
yi^1 hok^6 bok^3 mat^6 gun^2
イー　ホック　ボック　マッ　グンヌ

広東オペラ
粵劇
yut^6 kek^6
ユッ　ケック

スーベニアショップ
禮品店
lai^5 ban^2 dim^3
ライ　バンヌ　ディム

入場無料
免費入場
min^5 fai^3 yap^6 cheung^4
ミンヌ　ファイ　ヤップ　チェオング

Ferry フェリーに乗る

　繁華街近くの埠頭から船で 30 〜 40 分で南ㄚ島や長洲などの離島に着きます。船着き場近くの岸沿いには海鮮料理の店が、少し山側に入れば豊かな緑や庶民の暮らす風景があります。散策を楽しんだら海鮮レストランへ。海を眺めながら食べる料理は格別です。にぎやかな街をしばし忘れて、のんびりゆったり過ごすことができます。

この船は長洲に行きますか？
呢班船去唔去長洲呀？
ni^1 $baan^1$ $syun^4$ $heui^3$ m^4 $heui^3$ $cheung^4$ jau^1 a^3
ニ バァンヌ シュンヌ ヘオイ ンム ヘオイ チェオング ジャウ ア

2 人乗ります。
兩個搭船。
$leung^5$ go^3 $daap^3$ $syun^4$
レオング ゴ ダアップ シュンヌ

オクトパスは使えますか？
用唔用得八達通呀？
$yung^6$ m^4 $yung^6$ dak^1 $baat^3$ $daat^6$ $tung^1$ a^3
ヨング ンム ヨング ダック バァッ ダァット トング ア

2 人分払います。
畀兩個呀。
bei^2 $leung^5$ go^3 a^3
ベイ レォング ゴ ア

初めて、港外フェリーに乗るんです。
我第一次坐港外綫船。
ngo^5 dai^6 yat^1 chi^3 cho^5 $gong^2$ $ngoi^6$ sin^3 $syun^4$
オ ダイ ヤッチ チョ ゴング オイ シンヌ シュンヌ

揺れるから気をつけて！
隻船好哢㗎，小心啲啦！
jek^1 $syun^4$ hou^2 $lung^4$ ga^3 siu^2 sam^1 di^1 la^1
ジェック シュンヌ ホウ ロング ガ シウ サム ディ ラ

フェリーの時刻表はどこですか？

船期表喺邊度呀？

syun⁴ kei⁴ biu² hai² bin¹ dou⁶ a³
シュンヌ ケイ ビウ ハイ ビンヌ ドウ ア

30分くらい、このあたりを歩いてみよう。

不如喺呢頭行半個鐘吖。

bat¹ yu⁴ hai² ni¹ tau⁴ haang⁴ bun³ go³ jung¹ a¹
バッ ユ ハイ ニ タウ ハァング ブンヌ ゴ ジョング ア

ちょっと待って。トイレに行ってきます。

等一陣，我去洗手間先。

dang² yat¹ jan⁶ ngo⁵ heui³ sai² sau² gaan¹ sin¹
ダング ヤッ ジャンヌ オ ヘォイ サイ サウ ガァンヌ シンヌ

すみません、この近くにトイレはありますか？

請問呢度附近有冇洗手間呀？

cheng² man⁶ ni¹ dou⁶ fu⁶ gan⁶ yau⁵ mou⁵ sai² sau² gaan¹ a³
チェング マンヌ ニ ドウ フ ガンヌ ヤウ モウ サイ
サウ ガァンヌ ア

Seafood 海鮮料理を食べる

海鮮料理店では店の前にある水槽から食べたい魚介類を選び、好みの味付けや調理法で料理を作ってもらえます。水槽で魚介類を選んだら、テーブルのメニューでさらに食べたいものがないかもチェック。卓上におすすめメニューを書いた紙片があったり、壁に季節メニューを貼っていることもあります。急いで決める必要はないので、じっくりと選びましょう。

これはいくらですか？

呢個幾多錢呀？
ni^1 go^3 gei^2 do^1 $chin^2$ a^3
ニ ゴ ゲイ ド チンゎ ア

紙に書いてください。

唔該寫畀我睇吓。
m^4 goi^1 se^2 bei^2 ngo^5 tai^2 ha^5
ンム ゴイ セ ベイ オ タイ ハ

小さめのエビがいいのですが。

我要細啲嘅蝦。
ngo^5 yiu^3 sai^3 di^1 ge^3 ha^1
オ イウ サイ ディ ゲ ハ

量は少なめにしてください。

唔該，畀少啲啦。
m^4 goi^1 bei^2 siu^2 di^1 la^1
ンム ゴイ ベイ シウ ディ ラ

このエビをゆでてください。

唔該，幫我做白灼蝦啦。
m^4 goi^1 $bong^1$ ngo^5 jou^6 $baak^6$ $cheuk^3$ ha^1 la^1
ンム ゴイ ボング オ ジョウ バァック チェオク ハ ラ

炒めてください。

幫我炒啦。
$bong^1$ ngo^5 $chaau^2$ la^1
ボング オ チャァウ ラ

おすすめの食べ方で調理してください。

唔該，幫我最好食嘅方法嚟煮啦。
m^4 goi^1 $bong^1$ ngo^5 $jeui^3$ hou^2 sik^6 ge^3 $fong^1$ $faat^3$ lai^4 jyu^2 la^1
ンム ゴイ ボング オ ジェオイ ホウ シック ゲ フォング ファーッ ライ ジュ ラ

野菜も頼みたいです。

我想叫啲菜。
ngo^5 $seung^2$ giu^3 di^1 $choi^3$
オ セオング ギウ ディ チョイ

何の野菜があるの？ 見せてください。

有乜嘢菜呀？ 畀我睇吓。
yau^5 mat^1 ye^5 $choi^3$ a^3 bei^2 ngo^5 tai^2 ha^5
ヤウ マッ イェ チョイ   ア ベイ オ タイ ハ

61

これをください。
我要呢個。
ngo⁵ yiu³ ni¹ go³
オ イウ ニ ゴ

ニンニクを入れて炒めてください。
唔該落蒜蓉炒啦。
m⁴ goi¹ lok⁶ syun³ yung⁴ chaau² la¹
ンム ゴイ ロック シュンヌ ユング チャァウ ラ

ビールは何の銘柄があるの？
有乜嘢啤酒呀？
yau⁵ mat¹ ye⁵ be¹ jau² a³
ヤウ マッ イェ ベ ジャウ ア

サンミゲルを1本ください。
一枝生力吖。
yat¹ ji¹ saang¹ lik⁶ a¹
ヤッ ジ サァング リック ア

お茶をください。
我要茶。
ngo⁵ yiu³ cha⁴
オ イウ チャ

乾杯！
飲杯！
yam² bui¹
ヤム ブイ

おいしい！
好食！
hou² sik⁶
ホウ シック

もう1本ビールをください。
要多枝啤酒呀，唔該。
yiu³ do¹ ji¹ be¹ jau² a³ m⁴ goi¹
イウ ド ジ ベ ジャウ ア ンム ゴイ

メニューを見せてください。
唔該，畀個餐牌睇吓。
m⁴ goi¹ bei² go³ chaan¹ paai⁴ tai² ha⁵
ンム ゴイ ベイ ゴ チャァンヌ パァイ タイ ハ

おなかいっぱいです。
好飽啦。
hou² baau² la³
ホウ バァウ ラ

会計をお願いします。
唔該，埋單。
m⁴ goi¹ maai⁴ daan¹
ンム ゴイ マァイ ダァンヌ

おいしかったです！
好好食呀！
hou² hou² sik⁶ a³
ホウ ホウ シックァ

さよなら！
拜拜喇！
baai¹ baai³ la³
バイ バイ ラ

値段は素材と分量によってまちまちなので、必ず値段を確認しましょう。「いくらですか？」と聞くと、紙に数字を書いてくれます。予算と合わなければ分量を少なく頼んだり、別の食材を選びます。

海老
蝦
ha¹
ハ

シャコ
賴尿蝦
laai⁶ niu⁶ ha¹
ラァイ ニウ ハ

それ
嗰個
go² go³
ゴ ゴ

小さいほう
細嘅
sai³ ge³
サイ ゲ

ゆでる
灼
cheuk³
チェオク

蒸す
蒸
jing¹
ジェング

蟹
蟹
haai⁵
ハァイ

これ
呢個
ni¹ go³
ニ ゴ

大きいほう
大嘅
daai⁶ ge³
ダァイ ゲ

炒める
炒
chaau²
チャァウ

揚げる
炸
ja³
ジャ

野菜
蔬菜
so¹ choi³
ソ チョイ

菜心	空心菜	芥蘭（ガイラン）
菜心	**通菜**	**芥蘭**
choi³ sam¹	tung¹ choi³	gaai³ laan²
チョイ サム	トング チョイ	ガァイ ラァンヌ

白菜（パクチョイ）	塩	こしょう
白菜	**鹽**	**胡椒粉**
baak⁶ choi³	yim⁴	wu⁶ jiu¹ fan²
バァック チョイ	イム	ウ ジウ ファンヌ

塩コショウ味	ニンニク	コーラ
椒鹽	**蒜頭**	**可樂**
jiu¹ yim⁴	syun³ tau⁴	ho² lok⁶
ジウ イム	シュンヌ タウ	ホ ロック

ジュース	茶	水
果汁	**茶**	**水**
gwo² jap¹	cha⁴	seui²
グォ ジャップ	チャ	セオイ

おいしい	辛い	塩辛い
好味	**辣**	**鹹**
hou² mei⁶	laat⁶	haam⁴
ホウ メイ	ラァッ	ハアム

甘い	酸っぱい	香りがいい
甜	**酸**	**好香**
tim⁴	syun¹	hou² heung¹
ティム	シュンヌ	ホウ ヘオング

好き	苦手	満腹
鍾意	**唔鍾意**	**好飽**
jung¹ yi³	m⁴ jung¹ yi³	hou² baau²
ジョング イー	ンム ジョング イー	ホウ バァウ

繁体字と簡体字

香港で使われる文字は「中国語繁体字」。台湾で使われているものとほぼ同じ、日本で使われる漢字と同じものも多くあります。ですから意味も比較的わかりやすいのですが、日本では日頃使われなくなった旧字体が残っています。たとえば「広」＝「廣」、「対」＝「對」などです。似ているのでわかりやすいものもありますが、「塩」＝「鹽」、「点」＝「點」など、新字体に慣れた日本人には一瞬戸惑うものも。

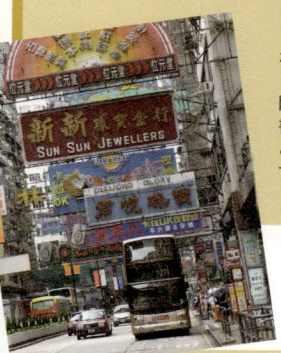

これとは逆に、画数の多い文字を書くときに中国大陸で使われる簡体字を適宜使う人もいます。「机」と書かれたらそれは「機」という字のこと。テーブルのことではありません（テーブルを表す広東語は「枱」です）。

同じ言葉も、違う意味

書いてある文字が漢字なので意味がわかりやすいのは香港のありがたいところですが、同じ字、同じ熟語でも意味が違うものもあります。たとえば「小心」は気の小さい人ではなく「気をつけて」。「長者」はお年寄りのことで、公共施設や交通機関の料金表示で「長者は○○ドル」と書いてあればシニア料金のことです。「私」はプライベートという意味をもち、「私家車」（自家用車のこと）というように使われます。自分のことを表すときは「我」を使います。「裁判員」は、スポーツの試合の審判員のことをさします。

レストランのメニューにある「湯」の文字。「湯」は「スープ」を表します。お湯が欲しくて「熱湯」と書いて示すと、熱いスープが出てきてしまうというわけ。お湯は「熱水」、沸騰したお湯は「滾水」といいます。

第5章：
公共交通を使う

充実した公共交通機関をうまく利用できると、行動範囲がグーンと広がる香港の街。慣れてしまえば決して難しくありません。バスや電車に乗るたびに、香港の人の暮らしがどんどん見えてきます。

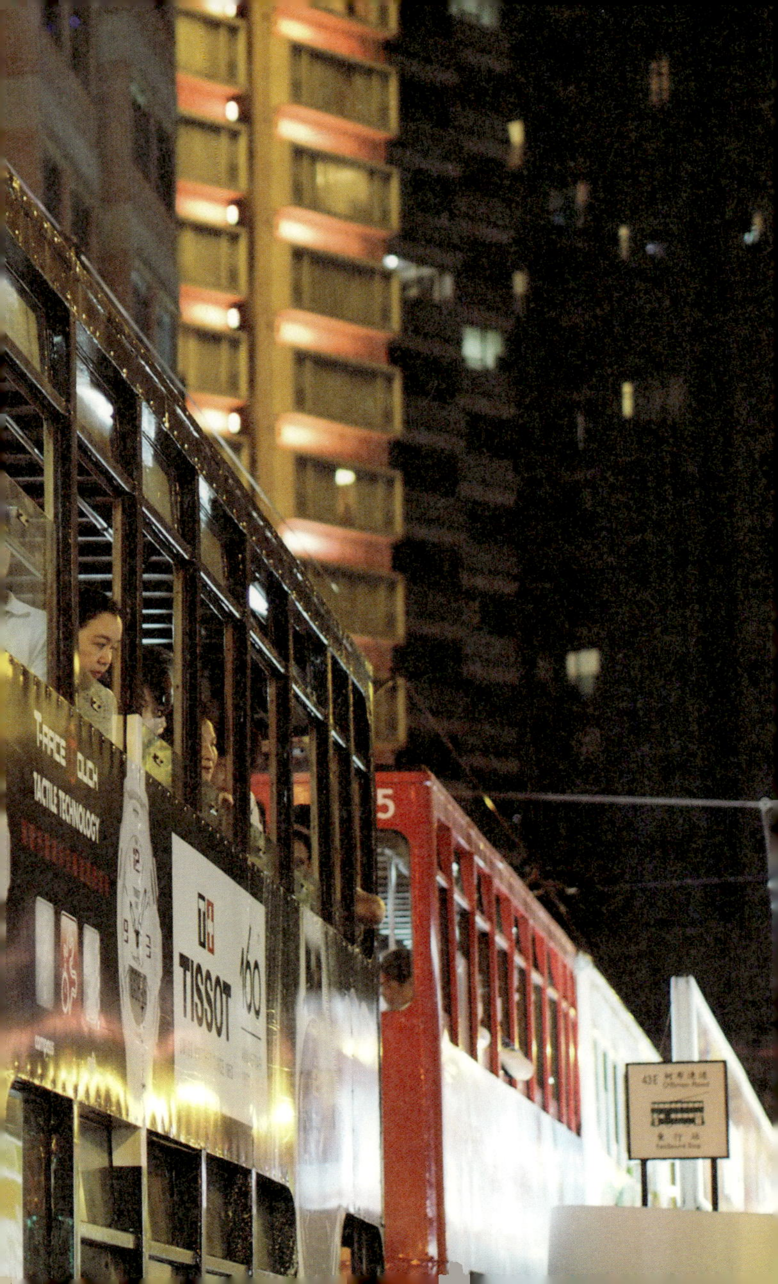
T-RACE TOUCH
TACTILE TECHNOLOGY
TISSOT
160
43E

バス
巴士
ba¹ si²
バ シ

尖沙咀スターフェリー埠頭に行きますか？
去唔去尖沙咀碼頭呀？
heui³ m⁴ heui³ jim³ sa¹ jeui² ma⁵ tau⁴ a³
ヘォイ ンﾑ ヘォイ ジﾑ サ ジェオイ マ タウ ア

次はキャメロン道です。
下一站係金馬倫道。
ha⁶ yat¹ jaam⁶ hai⁶ gam¹ ma⁵ leun⁴ dou⁶
ハ ヤッ ジャァﾑ ハイ ガﾑ マ レオンﾇ ドウ

バス停はどこですか？
巴士站喺邊度呀？
ba¹ si² jaam⁶ hai⁶ bin¹ dou⁶ a³
バ シ ジャァﾑ ハイ ビンﾇ ドウ ア

バスに乗って油麻地に行きます。
我坐巴士去油麻地。
ngo⁵ cho⁵ ba¹ si² heui³ yau⁴ ma⁵ dei²
オ チョ バ シ ヘォイ ヤウ マ デイ

行きます。／行きません。
去。／唔去。
heui³ ／ m⁴ heui³
ヘォイ／ンﾑ ヘォイ

あっちです。
嗰邊喇。
go² bin¹ la³
ゴ ビンﾇ ラ

乗車する
上車
seung⁵ che¹
セオング チェ

下車する
落車
lok⁶ che¹
ロック チェ

バス停
巴士站
ba¹ si² jaam⁶
バ シ ジャアム

バスターミナル
巴士總站
ba¹ si² jung² jaam⁶
バ シ ジョング ジャアム

運賃
車費
che¹ fai³
チェ ファイ

オールナイトバス
通宵巴士
tung¹ siu¹ ba¹ si²
トング シウ バ シ

海底トンネルを越えるバス
隧道巴士
seui⁶ dou⁶ ba¹ si²
セオイ ドウ バ シ

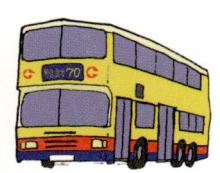

香港はバス王国。大通りには大型2階建てバスが次々走ってきますし、郊外や山地、海辺にもルートが張りめぐらされ、香港中を結び付けています。路線バスを利用すると移動が飛躍的に便利になります。

路線バスは主に3社が運行しています。運賃は乗車時に運転手脇の運賃箱に入れます。お釣りは出ません。バス運賃は均一か区間制です。香港の区間制運賃は乗客の利用する区間の長さではなく、そのバスの乗車可能距離により決まるので、複数の路線が走る区間では、同じ距離を乗ってもバスの行先によって運賃が違うことがあります。

バスの行先がわかりにくいときはバス停の路線図を見るか、運転手さんに聞きましょう。バス停には時間帯別運転間隔や運賃、全停留所が中英2語で表示されています。また、最近は車内に次のバス停を表示するディスプレイや、自動放送があるバスも見られるようになりました。降車するときは車内のボタンを押すと「次停車」を示す赤ランプが点灯します。

3本ある海底トンネルを通って香港島と九龍を結ぶバス路線もたくさんあり、場所によっては地下鉄より早く目的地に着きます。一晩中運転されるオールナイト路線は路線番号の前に「N」が付き、運賃も高くなります。

なお、一般の中国語ではバスのことを「公共汽車」といいますが、香港では英語の音訳である「巴士」を使います。

ミニバス
小巴
siu² ba¹
シウ バ

私は北角に行きたい。
我想去北角。
ngo⁵ seung² heui³ bak¹ gok³
オ セォンｸ ヘオイ バッｸ ゴッｸ

降ります。
唔該，落車。
m⁴ goi¹ lok⁶ che¹
ンᴍ ゴイ ロッｸ チェ

降ります。
唔該，有落。
m⁴ goi¹ yau⁵ lok⁶
ンᴍ ゴイ ヤウ ロッｸ

１人あたり５ドル
五蚊一位。
ng⁵ man¹ yat¹ wai⁶
ンｸ マンᴎ ヤッｸ ワイ

※五蚊一位の「蚊」は広東語口語における香港ドルの単位で、書面語では「元」となります。

緑のミニバス
緑色小巴
luk⁶ sik¹ siu² ba¹
ロック シック シウ バ

赤のミニバス
紅色小巴
hung⁴ sik¹ siu² ba¹
ホング シック シウ バ

　　　路線バスのほかに、バスとタクシーの中間のような機能をもつミニバスもたくさん走っています。ミニバスは座席数どおりの定員16名で、立って乗ることはできません。マヨネーズ色の車体で屋根が赤か緑に塗られています。
　　　緑屋根は「專線小巴」とも表記され、その名のとおり運行ルートが決まっていて路線番号も付いています。緑は途中のバス停もおおよそ決まっていますが、途中が自由乗降になる路線もあります。運賃は先払いで、オクトパスが使えることも多いのですが、現金の場合はお釣りが出ません。この点は路線バスに近いといえます。赤はややタクシーに近く、途中の乗降は自由です。正面のおでこ部分に大きな行先表示器があるのは緑と同じですが、路線番号はなく行先の地名だけが表示されています。運賃は下車時に直接運転手に支払い、お釣りももらえます。
　　　ミニバスは降りる旨を乗客が言わないと停まりません。そのため、広東語は必須となります。

MTR（地下鉄）
地鐵
dei⁶ tit³
デイ ティッ

閉まるドアにご注意ください。
請小心車門。
cheng² siu² sam¹ che¹ mun⁶
チェング シウ サム チェ ムンヌ

まもなく列車が到着します。
列車即將到達。
lit⁶ che¹ jik¹ jeung¹ dou³ daat⁶
リッ チェ ジック ジェオング ドウ ダァッ

アイランドラインは乗換えです。
乘搭港島綫嘅乘客要轉車。
sing⁴ daap³ gong² dou² sin³ ge³ sing⁴ haak³ yiu³ jyun³ che¹
セング ダァッ ゴング ドウ シンヌ ゲ セング ハアック イウ ジュンヌ チェ

次はモンコックです。
下一站係旺角。
ha⁶ yat¹ jaam⁶ hai⁶ wong⁶ gok³
ハ ヤッ ジャアム ハイ ウォング ゴッッ

ホームとの隙間にご注意ください。
請小心月台空隙。
cheng² siu² sam¹ yut⁶ toi⁴ hung¹ gwik¹
チェング シウ サム ユッ トイ ホング グイック

香港の鉄道は香港鐵路（MTR）1社で、地下鉄も運営しています。冷房の効いた駅は清掃がゆき届いていて、ホームドアが設置されている駅も多く、IC 乗車券の普及率が非常に高いなど、整然として効率的です。

香港島と九龍の市街地には地下鉄網が広がり、ビクトリアハーバーの下には 3本の路線が通って香港島と九龍を結んでいます。運転本数は多く、次々と電車が来るのでハイスピードに香港市街地を移動できますが、外の風景が楽しめないのが残念なところ。

駅のエスカレーターはかなり速く、初めて香港に来た人はちょっとびっくりするかもしれません。MTR に何回も乗っていると、「閉まるドアにご注意ください」という自動放送の響きが耳に残るようになります。

東鉄線
東鐵綫
dung¹ tit³ sin³
ドング ティッ シンヌ

ホンハムまで一等車を1枚ください。
一張去紅磡嘅頭等飛,唔該。
yat¹ jeung¹ heui³ hung⁴ ham³ ge³ tau⁴ dang¹ fei¹ m⁴ goi¹
ヤッ ジェオング ヘオイ ホング ハム ゲ タウ ダング フェイ ンム ゴイ

景色がきれいですね。
風景好靚呀。
fung¹ ging² hou² leng³ a³
フォング ゲング ホウ レング ア

MTR (一般列車)
火車
fo² che¹
フォ チェ

西鉄線
西鐵綫
sai¹ tit³ sin³
サイ ティッ シンヌ

空港特急
機場快綫
gei¹ cheung⁴ faai³ sin³
ゲイ チェオング ファーイ シンヌ

駅
車站
che¹ jaam⁶
チェ ジャアム

馬鞍山線
馬鞍山綫
ma⁵ on¹ saan¹ sin³
マ オン サアンヌ シンヌ

一等車
頭等車
tau⁴ dang² che¹
タウ ダング チェ

キップ
車飛
che¹ fei¹
チェ フェイ

トンチョン線
東涌綫
dung¹ chung¹ sin³
ドング チョング シンヌ

　　　　MTRの路線のうち新界方面の郊外には、東鉄線、西鉄線、馬鞍山線などの郊線が通じています。九龍と沙田、大埔墟など新界のニュータウンを結ぶ東鉄線には一等車が連結されています。東鉄線はもともと香港九龍と広東省広州とを結ぶ九広鉄路の一部だったこともあり、中国への直通列車も運転されています。一般の東鉄線電車は中国国境手前の羅湖駅か落馬洲駅で折り返しますが、この2駅は境界越え専用の駅で、これより先に進むにはパスポートが必要です。紅磡駅で東鉄線と西鉄線は乗換えができ、西鉄線は新界西北部の元朗や屯門を結びます。
　空港特急は空港と中心市街地を高速で結び、頻繁に列車が走っています。トンチョン線はほとんどの線路を空港特急と共用して空港対岸の東涌ニュータウンと香港中心部を結んでいます。

MTR 路線図

第5章∵公共交通を使う

荃湾線
Tsuen Wan Line

元朗
天水圍
朗屏
錦上路
兆康
屯門
西鐵線
荃灣　大窩口　葵興　葵芳
荃灣西

東涌線
Tung Chung Line

博覽館
機場
青衣
纜車 Cable Car
欣澳
東涌
昂坪
迪士尼
迪士尼線
Disneyland Resort

堅尼地城

MTR路線図

74

香港鐵路（MTR）の路線図は港島線が青、觀塘線が緑というように路線ごとに色分けがされています。
　港島線の西端は上環駅ですが、2014年内に堅尼地城まで延伸される予定です。このほかにも鉄道新線の建設と計画が進んでいるので、路線図もどんどんにぎやかになっていくことでしょう。

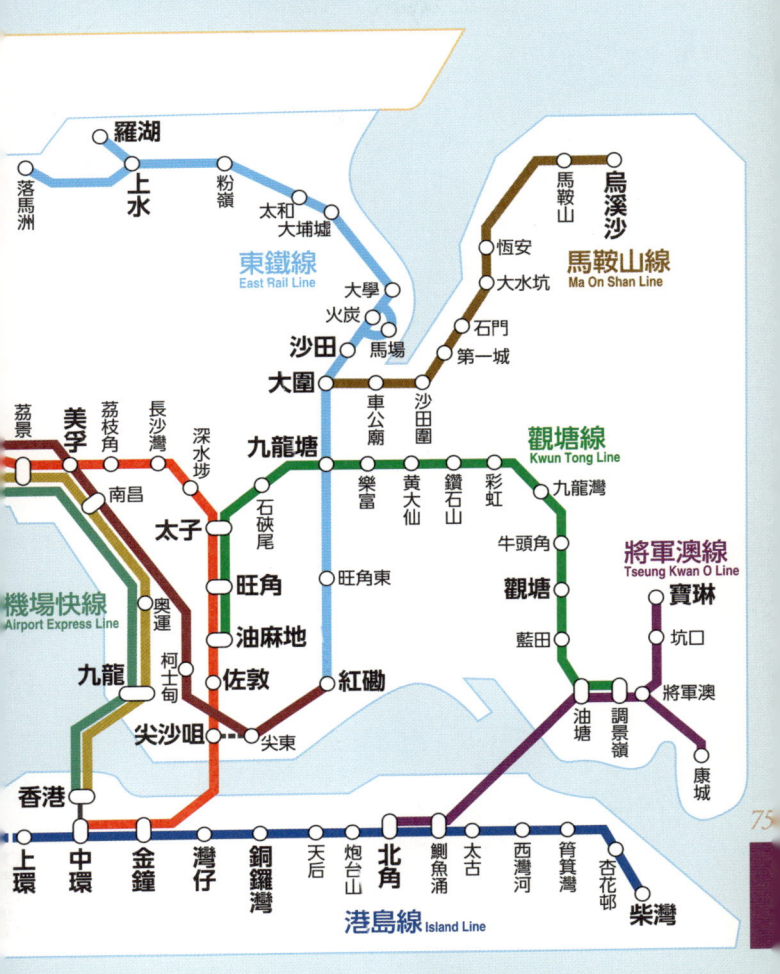

東鐵線 East Rail Line

羅湖 / 落馬洲 / 上水 / 粉嶺 / 太和 / 大埔墟 / 大學 / 火炭 / 沙田 / 馬場 / 大圍

馬鞍山線 Ma On Shan Line

烏溪沙 / 馬鞍山 / 恆安 / 大水坑 / 石門 / 第一城 / 沙田圍 / 車公廟

觀塘線 Kwun Tong Line

九龍塘 / 石硤尾 / 樂富 / 黃大仙 / 鑽石山 / 彩虹 / 九龍灣 / 牛頭角 / 觀塘 / 藍田 / 油塘 / 調景嶺

將軍澳線 Tseung Kwan O Line

寶琳 / 坑口 / 將軍澳 / 油塘 / 調景嶺 / 康城

機場快線 Airport Express Line

博景 / 美孚 / 荔枝角 / 長沙灣 / 深水埗 / 南昌 / 太子 / 旺角 / 油麻地 / 佐敦 / 尖沙咀 / 尖東 / 紅磡 / 旺角東 / 柯士甸 / 奧運 / 九龍 / 香港

港島線 Island Line

上環 / 中環 / 金鐘 / 灣仔 / 銅鑼灣 / 天后 / 炮台山 / 北角 / 鰂魚涌 / 太古 / 西灣河 / 筲箕灣 / 杏花邨 / 柴灣

路面電車
電車
din⁶ che¹
ディンヌ チェ

お金はいつ払うんですか？
幾時畀錢呀？
gei² si⁶ bei² chin⁴ a³
ゲイ シ ベイ チンヌ ア

降りるときですよ。
落車先至畀。
lok⁶ che¹ sin¹ ji³ bei²
ロック チェ シンヌ ジ ベイ

2階
上層
seung⁶ chang⁵
セオング チャング

トラムストップ
電車站
din⁶ che¹ jaam⁶
ディンヌ チェ ジャアム

香港島北岸には2階建て路面電車（トラム）が走っています。すべての電車が2階建てというのは世界唯一です。香港にはめずらしく冷房は付いていませんが、ゆっくりと市街地の風景を楽しむのにピッタリの乗り物です。広東語で「電車」というと、普通はこの路面電車だけをさします。

路面電車は1904年に走り始めてすでに100年以上が経っています。沿線は早くから開けた地域なので、歴史の積み重ねのある多彩な街が連なります。どこかに行く用がなくても、路面電車に乗って2階から車窓を眺めるだけで香港の旅を楽しめてしまいます。

乗り物の掲示（書き言葉）

　機能的な香港の公共交通はあまり広東語ができなくても乗れます。バス車内やバス停にある掲示の意味を多少知っていると安心です。掲示文は書面語で書かれていることが多く、広東語口語とは多少異なります。これは漢字で覚えましょう。

請排隊上車	並んで乗車してください
請自備輔幣	硬貨を準備してください（お釣りが出ないから）
不設找零／不設找贖	釣り銭は出ません
往〜	〜行き（目的地）
經〜	〜経由（地）
上	乗車口
落	降車口
祇准落車	降車に限る（出口の表示）
暫停服務	乗れません（回送車などの表示）
此站暫停使用／此站臨時停用	このバス停は臨時使用停止です
下一站是〜	次は〜です（是は口語では係となります）
閣下在此	現在位置（You are here という意味）
請勿擺放行李	荷物を置かないでください
上層及樓梯不准站立	２階と階段では立たないでください
不准企立	立たないでください(企も站も「立つ」という動詞)
班次	運転間隔
大小同價	大人子供同運賃（ミニバスは主にこれ）
車將停站	次停まります
客滿	満員
客務中心	カスタマーセンター

LRT
輕鐵
hing¹ tit³
ヘング ティッ

オクトパスの感知器はどこですか？
八達通機喺邊度呀？
baat³ daat⁶ tung¹ gei¹ hai² bin¹ dou⁶ a³
バァッ ダァッ トング ゲイ ハイ ビンゥ ドウ ア

どこにオクトパスをタッチするんですか？
喺邊度拍八達通呀？
hai² bin¹ dou⁶ paak³ baat³ daat⁶ tung¹ a³
ハイ ビンゥ ドウ パァック バァッ ダァッ トング ア

車に気をつけて！
小心睇車呀！
siu² sam¹ tai² che¹ a³
シウ サム タイ チェ ア

罰金
罰款
fat⁶ fun²
ファッ フンゥ

　新界西北部の元朗から屯門への地域には輕鐵（LRT）というライトレールが大団地地区を走っています。近代的路面電車という感じの電車です。団地内を網のように結ぶため、乗り場もたくさんあります。乗り場には低いホームがあるだけで、改札はありません。自動券売機でキップを買うか、オクトパスを感知器にタッチするだけです。運賃を払わずに乗車して検札で見つかると、高額の罰金が請求されます。九龍市街地を高速で結ぶ西鉄線と数か所で乗換えができます。

フェリー
渡輪
dou⁶ leun⁴
ドウ レォンヌ

索罟湾行きを大人２枚ください。
兩張去索罟灣嘅飛，唔該。
leung⁵ jeung¹ heui³ sok³ gu² waan⁴ ge³ fei¹ m⁴ goi¹
レォング ジェォング ヘオイ ソック グ ワァンヌ ゲ フェイ ンム ゴイ

一等入口はこちらですか？
頭等艙喺呢度入去呀？
tau⁴ dang² chong¹ hai² ni¹ dou⁶ yap⁶ heui³ a³
タウ ダング チョング ハイ ニ ドウ ヤップ ヘオイ ア

スターフェリー
天星小輪
tin¹ sing¹ siu² leun⁴
ティンヌ セング シウ レォンヌ

ハーバークルーズ
維港海上遊
wai4 gong² hoi² seung⁶ yau⁴
ワイ ゴング ホイ セォング ヤウ

埠頭（桟橋）
碼頭
ma⁵ tau⁴
マ タウ

　九龍と香港島の間でビクトリアハーバーを渡るのが港内線フェリー。尖沙咀と中環を結ぶスターフェリーは港内線のメインルートです。
　香港中心部とランタオ島や長洲などの離島とを結ぶのが港外線フェリーです。離島といっても30〜40分で着いてしまいます。このほかに街渡や横水渡などという小型船の航路もあり、こちらはローカル線の風情が味わえます。
　フェリーは乗船時に運賃を払い、下船時には改札がないことが一般的です。

タクシー
的士
dik¹ si²
ディック シ

ランガムプレイスまで行ってください。
去朗豪坊呀，唔該。
heui³ long⁵ hou⁴ fong¹ a³ m⁴ goi¹
ヘォイ ロンﾞ ホウ フォンﾞ ア ンム ゴイ

ワンチャイのヘネシー道地下鉄駅のほうへ行ってください。
去灣仔軒尼詩道地鐵站附近，唔該。
heui³ waan¹ jai² hin¹ nei⁴ si¹ dou⁶ dei⁶ tit³ jaam⁶ fu⁶ gan⁶ m⁴ goi¹
ヘォイ ワンﾇ ジャイ ヒンﾇ ネイ シ ドウ デイ ティッ ジャァム フ ガンﾇ ンム ゴイ

まっすぐ進んでください。
直去啦，唔該。
jik⁶ heui³ la¹ m⁴ goi¹
ジック ヘォイ ラ ンム ゴイ

右に曲がってください。
轉右啦，唔該。
jyun³ yau⁶ la¹ m⁴ goi¹
ジュンﾇ ヤウ ラ ンム ゴイ

ここで降ります。
唔該，喺度落車。
m⁴ goi¹ hai² dou⁶ lok⁶ che¹
ンム ゴイ ハイ ドウ ロック チェ

お釣りはいりません。
唔使找。
m⁴ sai² jaau²
ンム サイ ジャァウ

海を越えてもらえますか？
可唔可以過海呀？
ho² m⁴ ho² yi⁵ gwo³ hoi² a³
ホ ンム ホ イー グォ ホイ ア

市区タクシー
市區的士
si⁵ keui¹ dik¹ si²
シ ケオイ ディック シ

荷物料金
行李費
hang⁴ lei⁵ fai³
ハング レイ ファイ

領収書
收據
sau¹ geui³
サウ ゲォイ

空港特急香港駅
機場快綫香港站
gei¹ cheung⁴ faai³ sin³ heung¹ gong² jaam⁶
ゲイ チェオング ファーイ シンヌ ヘオング ゴング ジャアム

海底トンネルタクシー乗り場
過海的士站
gwo³ hoi² dik¹ si² jaam⁶
グォ ホイ ディック シ ジャアム

チップ
貼士
tip¹ si²
ティップ シ

運転手さん（男性／女性）
司機先生 ／ 司機小姐
si¹ gei¹¹ sin¹ saang¹/si¹ gei¹ siu¹ je²
シ ゲイ シンヌ サァング／シ ゲイ シウ ジェ

ピークトラム乗り場
纜車站
lam⁶ che¹ jaam⁶
ラム チェ ジャアム

行先を伝えるときは、行先の名前に、エリア名や道の名前を言い添えると通じやすくなります。行先の中国語名称を書いて見せるのが確実。車内で運転手さんに日本のガイドブックを見せてもまずわかってもらえないようです。
流しのタクシーでハーバーを越えた側に行くときは、行ってもらえるかまず聞きましょう。

　タクシーは赤、緑、水色の３色。赤は市区タクシーといい、香港島と九龍を主に走ります。緑は新界専用、水色はランタオ島内専用で、３色が顔をそろえるのは香港国際空港とディズニーランドだけです。九龍で赤いタクシーに乗って新界の大埔墟などに行くことはできますが、逆に緑のタクシーで新界から九龍へは入れません。
　タクシー運賃は日本に比べると相当安く、タクシー代をあまり気にせずに利用できます。ただし、海底トンネルを通る場合は、往復のトンネル通行料が請求されるため一気に高くなります。ハーバーをはさんだ対岸に行くときは、海底トンネルタクシー乗り場から乗車すれば片道通行料で済みます。オクトパス万能の香港ですが、タクシーの支払いには使えません（利用実験は始まっています）。
　市街地の大通りには停車禁止区間が多数設定されています。道の端に黄色の線が引いてあるのが目印です。そこでは手をあげてもタクシーは停まってくれません。また、タクシーでは英語が通じないことが多いので、行先の広東語読み地名を覚えておきましょう。香港の地名は広東語と英語がまったく無関係なこともあるため注意が必要です。

第6章：
街を楽しむ

楽しい旅ももうすぐ終わり。やり残したことはありませんか。お粥、飲茶、喫茶店、市場、デパート、コンサート、映画……。楽しみはまだまだたくさん。疲れたら甘いものを食べて、夜はレストランへ。全身で香港を満喫してください。疲れた脚は、マッサージで元気回復です。

SESAME STREET *Post*

11時のチケットをください。
十一點嘅飛，唔該。
sap⁶ yat¹ dim² ge³ fei¹ m⁴ goi¹
サップ ヤッ ディム ゲ フェイ ンム ゴイ

今日のコンサートのチケットはありますか？
有冇今晚嘅演唱會飛呀？
yau⁵ mou⁵ gam¹ maan⁵ ge³ yin² cheung³ wui⁶ fei¹ a³
ヤウ モウ ガム マァンヌ ゲ インヌ チェオング ウイ フェイ ア

bossini

Shopping 店頭で

これをください。
唔該，畀呢個我。
m⁴ goi¹ bei¹ ni¹ go³ ngo⁵
ンム ゴイ ベイ ニ ゴ オ

これとあれは同じですか？
呢個同嗰個係唔係一樣呀？
ni¹ go³ tung⁴ go² go³ hai⁶ m⁴ hai⁶ yat¹ yeung⁶ a³
ニ ゴ トンヶ ゴ ゴ ハイ ンム ハイ ヤッ イェオンヶ ア

試着させてください。
我想試吓。
ngo⁵ seung² si³ ha⁵
オ セオンヶ シ ハ

色違いはありますか？
有冇其他色呢？
yau⁵ mou⁵ kei⁴ ta¹ sik¹ ne¹
ヤウ モウ ケイ タ シック ネ

見ているだけです。
睇吓啫。
tai² ha⁵ je¹
タイ ハ ジェ

財布は、どこに置いていますか？
銀包擺喺邊度呀？
ngan⁴ baau¹ baai² hai² bin¹ dou⁶ a³
ンガンヌ バウ バァイ ハイ ビンヌ ドウ ア

ちょっと派手だなあ。
好花呀。
hou² fa¹ a³
ホウ ファ ア

少し大きすぎます。
大咗啲喇。
daai⁶ jo² di¹ la³
ダァイ ジョ ディ ラ

欲しいものとちょっと違うんです。
同我心目中嘅有啲唔同。
tung⁴ ngo⁵ sam¹ muk⁶ jung¹ ge³ yau⁵ di¹ m⁴ tung⁴
トング オ サム モック ジョング ゲ ヤウ ディ ンム トング

ちょっと考えてきます。
我出去諗下先。
ngo⁵ cheut¹ heui³ nam² ha⁵ sin¹
オ チェオッ ヘオイ ナム ハ シンヌ

また来ます。
我轉頭返嚟。
ngo⁵ jun³ tau⁴ faan¹ lei⁴
オ ジュンヌ タウ ファーンヌ レイ

　香港は大型ショッピングセンター全盛で、ファッションから雑貨、シネコンやレストランなどが充実したモールがたくさんあります。各地で市街地再開発が行われると、必ずといっていいほど巨大ショッピングセンターが登場します。銅鑼湾のタイムズスクエアや九龍塘のフェスティバルウォークなどはローカルブランドから海外ブランドまで幅広くそろっていて、香港市民の豊かさを実感できます。香港駅のIFCモール、九龍駅のエレメンツは駅直結タイプ。
　老舗のランドマークやペニンシュラホテルアーケードは高級インターナショナルブランドが充実しています。

百貨店はとても減っていますが、大陸中国産品を扱う「國貨公司」が独特なポジションを占めています。國貨公司には高級品中心の中藝や品ぞろえ豊富な裕華國貨があり、色彩豊かな中国製品を眺めているだけで楽しめます。

「折」「起」？ 買い物やサービスの漢字

バーゲンの店頭で見かけるのは「8折」「3折」などの文字。これは割引率を表します。「8折」は8割の価格、つまり20%オフ。「3折」なら70%オフです。「起」は「から」の意味で、「全品30＄起」とあれば「どれでも30ドルから！」ということです。

買五送一優惠	5個買うと1個サービス
免費	無料
減價	ディスカウント
今日起至2月1日	今日から2月1日まで
清（晒）貨	売りつくし
30% 優惠	30%サービスします
面部護理　由HK＄380起	フェイシャル　380ドルより
首次試做價　由HK＄266起	初回お試し価格　266ドルより

ショッピングモール
商場
seung¹ cheung⁴
セオング　チェオング

デパート
百貨公司
baak³ fo³ gung¹ si¹
バァック　フォ　ゴング　シ

中国系デパート
國貨公司
gwok³ fo³ gung¹ si¹
グォック　フォ　ゴング　シ

レーンクロフォード
連卡佛
lin⁴ ka¹ fat⁶
リンヌ　カ　ファッ

ランドマーク
置地廣場
ji³ dei⁶ gwong² cheung⁴
ジ　デイ　グォング　チェオング

パシフィックプレイス
太古廣場
taai³ gu² gwong² cheung⁴
タァイ　グ　グォング　チェオング

エレメンツ
圓方
yun⁴ fong¹
ユンヌ　フォング

中芸
中藝
jung¹ ngai⁶
ジョング　ンガイ

裕華国貨
裕華國貨
yu⁶ wa² gwok³ fo³
ユ　ワ　グォック　フォ

マークス＆スペンサー
馬沙
ma⁵ sa¹
マ　サ

靴
鞋
haai⁴
ハァイ

バッグ
手袋
sau² doi²
サウ　ドイ

アクセサリー
飾物
sik¹ mat⁶
シック　マット

キーケース
鎖匙包
so² si⁴ baau¹
ソ　シ　バァウ

パスケース
證件套
jing³ gin² tou³
ジング　ギンヌ　トウ

名刺入れ
咭片套
kaat¹ pin² tou³
カァッ　ピンヌ　トウ

ブランド
名牌
ming⁴ paai⁴
メング　パァイ

香港街道地方指南

　香港は魅力ある場所が小さなエリアに濃縮されていて、歩いたりバスや電車で街を楽しんだりするのに好都合な高密度都市です。すべての街路に名前があり、道路に沿って番地を振るストリート方式の明快な都市でもあります。

　そんな香港の街を自由自在に歩くための強い味方が、地図帳『香港街道地方指南』。

　地図上に要所要所の番地やバス路線番号とルートがきちんと記載されています。だから目的地も自分のいる場所もわかりやすいのです。毎年改訂される正確な地図と、充実した巻末の索引と交通情報。数日の旅行にも、長い滞在にもこの一冊で十分です。

　大きすぎず重すぎず。スマートフォンやタブレットだけでなく、紙の"指南"がきっと旅のよい友になるでしょう。帰国してからも、時々ページを開くと香港の旅気分に戻れます。

　香港の書店やコンビニ、路上の新聞スタンド（書報攤）で手に入ります。

Custom-made オーダーメイド

サンプル帳を見せてください。
唔該畀我睇吓啲辦啦。
m⁴ goi¹ bei² ngo⁵ tai² ha⁵ di¹ baan² la¹
ンム ゴイ ベイ オ タイ ハ ディ バァンヌ ラ

別のデザインはありますか？
有冇其他款呢？
yau⁵ mou⁵ kei⁴ ta¹ fun² ne¹
ヤウ モウ ケイ タ フンヌ ネ

いつ出来上がりますか？
幾時做好呀？
gei² si⁴ jou⁶ hou² a³
ゲイ シ ジョウ ホウ ア

これと同じものを作ってほしいんです。
唔該，幫我做同呢個一模一樣。
m⁴ goi¹ bong¹ ngo⁵ jou⁶ tung⁴ ni¹ go³ yat¹ mo² yat¹ yeung⁶
ンム ゴイ ボング オ ジョウ トング ニ ゴ ヤッ モ ヤッ イェオング

いくらぐらいかかりますか？
大概要幾多錢呀？
daai⁶ koi³ yiu³ gei² do¹ chin² a³
ダァイ コイ イウ ゲイ ド チンヌ ア

ホテルに届けてもらえませんか？
幫我送去酒店得唔得呀？
bong¹ ngo⁵ sung³ heui³ jau² dim³ dak¹ m⁴ dak¹ a³
ボング オ ソング ヘオイ ジャウ ディム ダック ンム ダック ア

あさって帰国するので、急いで作ってください。
我後日要返去，唔該幫我做快啲啦。
ngo⁵ hau⁶ yat⁶ yiu³ faan¹ heui³ m⁴ goi¹ bong¹ ngo⁵ jou⁶ faai¹ di¹ la¹
オ ハウ ヤッ イウ ファーンヌ ヘオイ ンム ゴイ ボング オ ジョウ ファーイ ディ ラ

違う色がいいです。
我想要其他顏色。
ngo⁵ seung² yiu³ kei⁴ ta¹ ngaan⁴ sik¹
オ セォング イウ ケイ タ ンガァンヌ シック

この色にします。
我揀呢個色。
ngo⁵ gaan² ni¹ go³ sik¹
オ ガァンヌ ニ ゴ シック

ここがちょっときついです。
呢度窄啲。
ni¹ dou⁶ jaak³ di¹
ニ ドウ ジャアック ディ

ここを少し太くしてください。
唔該，呢度改闊啲啦。
m⁴ goi¹ ni¹ dou⁶ goi² fut³ di¹ la¹
ンム ゴイ ニ ドウ ゴイ フッ ディ ラ

ちょうどいいです。
啱啱好啦。
ngaam¹ ngaam¹ hou² la³
ンガァム ンガァム ホウ ラ

明日の10時までに仕上げてくださいね？
聽日十點鐘前要做好，得唔得呀？
ting¹ yat⁶ sap⁶ dim² jung¹ chin⁴ yiu³ jou⁶ hou² dak¹ m⁴ dak¹ a³
テング ヤッ サップ ディム ジョング チンヌ イウ ジョウ ホウ ダック ンム ダック ア

朝は何時から開いてますか？
朝頭早幾點鐘開呀？
jiu¹ tau⁴ jou² gei² dim² jung¹ hoi¹ a³
ジウ タウ ジョウ ゲイ ディム ジョング ホイ ア

夜は何時までですか？
夜晚收幾點鐘呀？
ye⁵ maan⁵ sau¹ gei² dim² jung¹ a³
イェ マァンヌ サウ ゲイ ディム ジョング ア

ハンコに彫られた字が違います。
師傅，個字刻錯咗喎。
si¹ fu³ go³ ji⁶ hak¹ cho³ jo² wo⁶
シ フ ゴ ジ ハック チョ ジョ ウォ

作り直してください。
麻煩你幫我再整過啦。
ma⁴ faan⁴ nei⁵ bong¹ ngo⁵ joi³ jing² gwo³ la¹
マ ファーンヌ ネイ ボング オ ジョイ ジェング グォ ラ

靴やバッグの革製品、シャツ、スーツ、そしてチャイナドレス、印鑑などがオーダーメイドできます。超特急仕上げもあり、香港到着初日にオーダーして2〜3日後に受け取るという離れ業も可能です。

　とはいえ、オーダーは慎重に。形や色は話すだけでなく紙に書いて誤解のないようにする配慮も必要でしょう。上環の文華里という小路に屋台のハンコ屋さんが集中していて、印材や書体を選んでオーダーできます。

オーダーメイド
訂做
ding³ jou⁶
デンヶ　ジョウ

印鑑
圖章
tou⁴ jeung¹
トウ　ジェオング

羊の角
羊角
yeung⁴ gok³
イェオング　ゴック

水牛
水牛
seui² ngau⁴
セオイ　ンガウ

きつい
緊／窄
gan² / jaak³
ガンヌ／ジァアック

ゆるい
闊
fut³
フッ

長い
長
cheung⁴
チェオング

短い
短
dyun²
デュンヌ

大きい
大
daai⁶
ダァイ

小さい
細
sai³
サイ

インタウンチェックイン

　市内から空港へ向かうときに、空港特急なら「インタウンチェックイン」が利用できます。香港駅と九龍駅では航空会社のチェックインができるのです。航空会社別にズラリと並んだチェックインカウンターで航空便のボーディングパスを受け取り、駅で預けた荷物は日本の到着空港で受け取ることになります。帰国日にホテルチェックアウト時刻から飛行機の時間に間があるときなど、さっさとインタウンチェックインをして身軽になり、残りの時間で街歩きしてしまうこともできます。香港駅からでも24分で空港に着きますから、イミグレーションの時間を加味した余裕をみて市内を出発すればOKです。

漢字で書く外来語

　中国語にはカタカナに当たる文字がないので、外国名や外来語の表記は「漢字のあて字」と「英文そのまま」がミックスされています。たとえばマイケル＝ジャクソンは広東語音に近い漢字の「米高積遜」または英文で Michael Jackson。漢字と英文が併記もされます。

　日本人の名前を表記するときも、ひらがなやカタカナには漢字を当てますが、これは広東語の音ではなく、「松隆子」のように、日本語の音に合ったものが選ばれています。文字は繁体字表記なので「濱崎歩」のようになります。この人だれ？　と一瞬考えてしまいますね。

イギリス
英國
ying¹ gwok³
イェング　グオック

フランス
法國
faat³ gwok³
ファーツ　グオック

アメリカ
美國
mei⁵ gwok³
メイ　グオック

　アメリカは米国でなく美國、フランスは仏国でなく法國など日本の表記と少し違います。アジア全体は「亞州」、全世界（地球）は「環球」と表します。

Movie, Concert　映画、コンサート

4時の回のチケットをください。
四點場嘅飛，唔該。
sei³ dim² cheung⁶ ge³ fei¹ m⁴ goi¹
セイ　ディム　チェォング　ゲ　フェイ　ンム　ゴイ

何人ですか？
幾位呀？
gei² wai⁶ a³
ゲイ　ワイ　ア

2人です。
兩位。
leung⁵ wai²
レォング　ワイ

ここの席をください。
要呢個位。
yiu³ ni¹ go³ wai²
イウ　ニ　ゴ　ワイ

B20とB21の席をください。
要 B20 同 B21 嘅位呀，唔該。
yiu³ B¹ yi⁶ sap⁶ tung⁴ B¹ yi⁶ sap⁶ yat¹ ge³ wai² a¹ m⁴ goi¹
イウ　ビー　イー　サップ　トング　ビー　イー　サップ　ヤッ
ゲ　ワイ　ア　ンム　ゴイ

ポイントカードはありますか？
有冇會員咭呀？
yau⁵ mou⁵ wui⁶ yun⁴ kaat¹ a³
ヤウ　モウ　ウイ　ユンヌ　カァッ　ア

ありません（持っていません）。
冇呀。
mou⁵ a³
モウ　ア

映画
電影／戲
din⁶ ying² ／ hei³
ディン イェング／ヘイ

映画館
戲院
hei³ yun²
ヘイ ユンヌ

香港コロシアム
香港體育館（紅館）
heung¹ gong² tai² yuk⁶ gun²
ヘォング ゴング タイ ユック グンヌ

香港スタジアム
香港大球場
heung¹ gong² daai⁶ kau⁴ cheung⁴
ヘォング ゴング ダァイ カウ チェオング

アジアワールドエキスポ
亞洲博覽館
a³ jau¹ bok³ laam⁵ gun²
ア ジャウ ボック ラァム グンヌ

香港文化センター
香港文化中心
heung¹ gong² man⁴ fa³ jung¹ sam¹
ヘォング ゴング マンヌ ファ ジョング サム

シティーホール
大會堂
daai⁶ wui⁶ tong⁴
ダァイ ウイ トング

コンサート
演唱會
yin² cheung³ wui²
インヌ チェオング ウイ

チケット売り場
售票處
sau⁶ piu³ chyu³
サウ ピウ チュ

蛍光棒（サイリウム）
螢光棒
ying⁴ gwong¹ paang⁵
イェング グォング パァング

　かつては「香港といえば映画」というほどに映画を量産していた香港ですが、最近は中国大陸との共同資本で作られるものが多くなり、香港だけで製作している映画はかなり少なくなりました。映画館は、ひとつの施設内に複数のスクリーンをもつシネコン形式が多数を占めています。館内は冷房が効いているので上着の用意を。
　香港歌手や海外アーティストのコンサートは、空席があれば当日でもチケットが買えます。ご当地歌手は派手なステージ演出や握手タイムなど、ファンサービスたっぷり。蛍光棒を振って応援するのが香港風の楽しみ方です。

上映作品とタイムテーブルはネットで事前に調べるのが便利ですが、現地でも新聞や週刊誌で調べられます。映画館ごとにポイントカードを発行していることも多く、チケット売場ではカードの有無をよく聞かれます。

People　路上で出会う人たち

寄付をお願いします。
請買支旗呀。
cheng² maai⁵ ji¹ kei⁴ a³
チェング　マァイ　ジ　ケイ　ア

ＯＫ。
好呀。
hou² a³
ホウ　ア

はい、どうぞ。
嗱。
na¹
ナ

これは正規版ですか？
呢隻係唔係正版呀？
ni¹ jek³ hai⁶ m⁴ hai⁶ jing³ baan² a³
ニ　ジェック　ハイ　ンム　ハイ　ジング　バァンヌ　ア

要りません。
唔要。
m⁴ yiu³
ンム　イウ

時間がありません。
冇時間。
mou⁵ si⁶ gaan¹
モウ　シ　ガァンヌ

急いでいます。
趕時間。
gon² si⁶ gaan¹
ゴンヌ　シ　ガァンヌ

人口密度の高い香港のこと。道には多くの人が行き交っています。その中でこちらに話しかけてくる人もいます。
　制服の中学生に声をかけられたら、〔賣旗〕という募金活動です。昔は小さな旗をくれたそうですが、いまはシールを胸に貼ってくれます。
　マンション販売中の所では、スーツ姿の人から集中的にアタックされて同じセールストークを繰返し聞かされ、広東語リスニング練習状態になったりします。
　繁華街で「ニセモノトケイ」と日本語でささやかれたら、偽造時計の売人。近づかないのが一番。日本語は使わず「唔要」（要りません）一言で、あとは無視しましょう。

寄付（売旗）
賣旗
maai^6 kei^4
マァイ　ケイ

腕時計
手錶
sau^2 biu^1
サウ　ビウ

偽物（正規品でない物）
翻版貨／冒牌貨／假嘢
faan^1 baan^2 fo^3 ／ mou^6 paai^4 fo^3 ／ ga^2 ye^5
ファーンヌ　バァンヌ　フォ／モウ　パァイ　フォ／ガ　イェ

本物
正版／真嘢
jing^3 baan^2 ／ jan^1 ye^5
ジェンヶ　バァンヌ／ジャンヌ　イェ

男の人
男人
naam^4 yan^2
ナァム　ヤンヌ

女の人
女人
neui^5 yan^2
ネォイ　ヤンヌ

〜さん（男性）
先生
sin^1 saang^1
シンヌ　サァンヶ

〜さん（女性）
小姐
siu^2 je^1
シウ　ジェ

おねえさん（呼びかける）
小姐
siu^2 je^2
シウ　ジェ

奥さん（呼びかける）
太太
taai^3 taai^2
タァイ　タァイ

おにいさん（呼びかける）
哥哥
go^4 go^1
ゴ　ゴ

Supermarket & Convenience Store
スーパーとコンビニ

スーパーとコンビニ、どちらに行こうか？
我哋去超級市場定便利店呀？
ngo⁵ dei⁶ heui³ chiu¹ kap¹ si⁵ cheung⁴ ding⁶ bin⁶ lei⁶ dim³ a³
オ デイ ヘォイ チウ カップ シ チェオング デング ビンヌ レイ ディム ア

雑誌を買いたいです。
我想買雜誌。
ngo⁵ seung² maai⁵ jaap⁶ ji³
オ セォング マァイ ジャアップ ジ

ではまず、コンビニに行きましょう。
去便利店先啦。
heui³ bin⁶ lei⁶ dim³ sin¹ la¹
ヘォイ ビンヌ レイ ディム シンヌ ラ

　コンビニとスーパーの差を簡単に表すと、「コンビニは利便性、スーパーは品ぞろえ」。コンビニは数が多く、1軒ごとの規模は日本に比べると概して小さめ。食べ物や飲み物、雑誌等すぐに使えるものがそろっています。冷凍点心を店の電子レンジで温めて食べることもできます。
　スーパーは生鮮品から食品一般、調味料や日用雑貨までほとんどの物が1か所でそろえられる便利さが魅力です。日本ではみかけない調味料や変わったお菓子など、おみやげ調達の穴場でもあります。

オクトパスカードのチャージもコンビニのレジで行うことができて便利です。

袋は要りません。
唔使袋。
m⁴ sai² doi⁶
ンム サイ ドイ

袋をください。　　お金は払います。
畀個膠袋。　　我願意畀錢嘅。
bei² go³ gaau¹ doi⁶　　ngo⁵ yun⁶ yi³ bei² chin² ge³
ベイ ゴ ガァウ ドイ　　オ ユンヌ イー ベイ チンヌ ゲ

袋を2枚ください。
畀兩個膠袋呀，唔該。
bei² leung⁵ go³ gaau¹ doi⁶ a³ m⁴ goi¹
ベイ レオング ゴ ガァウ ドイ ア ンム ゴイ

オクトパスで払います。
我畀八達通。
ngo⁵ bei² baat⁶ daat⁶ dung¹
オ ベイ バァッ ダァッ ドング

レシートをください。
畀收據我呀。
bei² sau¹ geui³ ngo⁵ a³
ベイ サウ ゲォイ オ ア

電子レンジはどこにありますか？
微波爐喺邊度呀？
mei⁴ bo¹ lo⁴ hai² bin¹ dou⁶ a³
メイ ボ ロ ハイ ビンヌ ドウ ア

ストア（飲料などを売る個人商店）
士多
si⁶ do¹
シ ド

セブンイレブン
7-11 便利店
chat¹ sap⁶ yat¹ bin⁶ lei⁶ dim³
チャッ サップ ヤッ ビンヌ レイ ディム

ウェルカム（スーパー）
惠康
wai⁶ hong¹
ワイ ホング

ワトソンズ（ドラッグストア）
屈臣氏
wat¹ san⁴ si⁶
ワッ サンヌ シ

新聞雑誌スタンド（路上）
書報攤
syu¹ bou³ taan¹
シュ ボウ タァンヌ

サークル K
OK 便利店
OK bin⁶ lei⁶ dim³
オウケイ ビンヌ レイ ディム

パークン（スーパー）
百佳
baak³ gaai¹
バァック ガァイ

エコバッグ
環保袋
waan⁴ bou² doi⁶
ワァンヌ ボウ ドイ

香港では環境保護運動の一環として、スーパーやコンビニ等の大規模店ではレジ袋が有料配布になっています。袋が必要なときは1枚につき50セントを支払います。エコバッグを携帯すると便利です。

Jade Market ヒスイ市場

きれいな石があるね！
嘩！好多好靚嘅石啊！
wa¹ hou² do¹ hou² leng³ ge³ sek⁶ a³
ワ　ホウ　ド　ホウ　レング　ゲ　セック　ア

香港人は金とヒスイが大好きなのよ。
香港人好鍾意黃金同翡翠。
heung¹ gong² yan⁴ hou² jung¹ yi³ wong⁴ gam¹ tung⁴ fei² cheui³
ヘオング　ゴング　ヤンヌ　ホウ　ジョング　イー　ウォング　ガム　トング　フェイ　チェオイ

　佐敦の北西側に、ちょっと変わった大型テントのような建物。中に入ると縦にも横にも、小さな店が並んでいます。どこの店も、売り物はきれいな石。安いものばかりかと思うと、超高値の札が付いているものもあります。
　ここでは勇気を出して、値切り交渉に挑戦してみましょう。

素敵だなあ！
好靚呀！
hou² leng³ a³
ホウ　レング　ア

わあ、これは高いなあ！
嘩！好貴呀。
wa¹ hou² gwai³ a³
ワ　ホウ　グヮイ　ア

これは、なんですか？
呢個係乜嘢呀？
ni¹ go³ hai⁶ mat¹ ye⁵ a³
ニ　ゴ　ハイ　マッ　イェ　ア

本物のヒスイなの？
係唔係真嘅翡翠呀？
hai⁶ m⁴ hai⁶ jan¹ ge³ fei² cheui³ a³
ハイ　ンム　ハイ　ジャンヌ　ゲ　フェイ　チェオイ　ア

透明感のあるのが欲しいです。
我想要透明啲嘅。
ngo⁵ seung² yiu³ tau³ mìng⁴ di¹ ge³
オ セォング イウ タウ メング ディ ゲ

そっちの緑色のはいくらですか?
緑色嗰個係幾多錢呀?
luk⁶ sik¹ go² go³ hai⁶ gei² do¹ chin² a³
ロック シック ゴ ゴ ハイ ゲイ ド チンョ ア

それは高すぎる!安くしてもらえない?
太貴喇，平啲啦!
taai³ gwai³ la³ ping⁴ di¹ la¹
タイ グワイ ラ ペング ディ ラ

5個買ったら、いくらにしてくれる?
買五個幾錢呀?
maai⁵ ng⁵ go³ gei² chin² a³
マアイ ング ゴ ゲイ チンョ ア

ちょっと高いや。では、けっこうです。
都幾貴呀，唔要啦。
dou¹ gei² gwai³ a³ m⁴ yiu³ la³
ドウ ゲイ グワイ ア ンム イウ ラ

電卓を貸してくれますか?
借個計數機得唔得呀?
je³ go³ gai³ sou³ gei¹ dak¹ m⁴ dak¹ a³
ジェ ゴ ガイ ソウ ゲイ ダック ンム ダック ア

どうもありがとう。
唔該晒。
m⁴ goi¹ saai³
ンム ゴイ サアイ

袋に入れてください。
裝入袋呀，唔該。
jong¹ yap⁶ doi⁶ a³ m⁴ goi¹
ジョング ヤップ ドイ ア ンム ゴイ

ネックレス
頸鏈
geng² lin²
ゲング リンョ

ブレスレット
手鈪
sau² ngaak²
サウ ンガアック

イヤリング
耳環
yi⁵ waan²
イ ワアンョ

指輪
戒指
gaai³ ji²
ガアイ ジ

携帯ストラップ
電話繩
din⁶ wa² sing²
ディング ワ セング

ヒスイの真贋を見定めるのは素人にはまず無理とのことでもあるので、ここでは気楽に、自分の好みの色やデザインのものを遊び感覚で選ぶのが無難かもしれません。色の微妙な違いで、同じデザインでも違った雰囲気になるのが石のおもしろさ。小さいストラップは価格も安く、おみやげにもぴったりです。

ヒスイ
翡翠
fei² cheui³
フェイ チェオイ

ピンク
粉紅色
fan² hung⁴ sik¹
ファヌ ホング シック

赤
紅色
hung⁴ sik¹
ホング シック

白
白色
baak⁶ sik¹
バアック シック

青
藍色
laam⁵ sik¹
ラアム シック

黒
黑色
hak¹ sik¹
ハック シック

黄
黃色
wong⁴ sik¹
ウォング シック

紫
紫色
ji¹ sik¹
ジ シック

茶
啡色
fe¹ sik¹
フェ シック

緑
綠色
luk⁶ sik¹
ルック シック

濃い色
深色
sam¹ sik¹
サム シック

薄い色
淡色
taam⁵ sik¹
タアム シック

大きい
大
daai⁶
ダアイ

小さい
細
sai³
サイ

重い
重
chung⁵
チュング

軽い
輕
heng¹
ヘング

丸い
圓
yun⁵
ユヌ

四角い
四方
sei³ fong¹
セイ フォング

三角の
三角
saam¹ gok³
サアム ゴック

Market 街の市場へ

市場に行こう。
行街市啦。
hang⁴ gaai¹ si⁶ la¹
ハング ガァイ シ ラ

　道の両側に並ぶ店に積み上げられた野菜や果物。ケージに入ってきょろきょろしている鶏、水槽から飛び出してしまう生きた魚。スーパーマーケットとはひと味違う、香港人の「食」のスタイルを観察できるのが街の市場です。あたり一面、いろいろな食べ物の匂いがいっぱいです。歩くときは湿った通路や野菜の切れ端で滑らないように、足元にご注意を。

街市と呼ばれる小さな店の集まりは、かつては多くが平屋でした。現在は4階建ほどの建物で、区画割りされたスペースに店が入っているところが増えています。

そのオレンジを2個ください。
嗰兩個橙呀。
go² leung⁵ go³ chaan² a³
ゴ レォング ゴ チャァンヌ ア

少しでいいんです。
畀少少得喇。
bei² siu² siu² dak¹ la³
ベイ シウ シウ ダック ラ

（手で示して）このぐらいください。
畀咁多啦。
bei² gam² do¹ la³
ベイ ガム ド ラ

果物
生果
saang¹ gwo²
サァング グォ

野菜
蔬菜
so¹ choi³
ソ チョイ

豚肉
豬肉
ju¹ yuk⁶
ジュ ヨック

腸詰
臘腸
laap⁶ cheung²
ラァップ チェオング

牛肉
牛肉
ngau⁴ yuk⁶
ンガウ ヨック

チャーシュー
叉燒
cha¹ siu¹
チャ シウ

　おいしそうな匂いがしたら、肉を焼いている店「焼臘店」が見つかるかも。生鮮品はなかなか買いにくくても、これなら少し買って味わうことができます。あめ色の鶏、豚などが吊るしてあれば、切売りしてくれるかどうか尋ねてみるとよいでしょう。
　量り売りなので、「斤」「両」という重さをだいたいわかっていると便利ですが、手で「このくらい」と示しても大丈夫。塊を切り出した後、ほどよい大きさに切って包んでくれます。

(手で示して) このぐらい欲しいんですけど、買えますか？
我想買咁多，得唔得呀？
ngo⁵ seung² maai⁵ gam² do¹ dak¹ m⁴ dak¹ a³
オ セォング マァイ ガム ド ダック ア

半斤くらい欲しいです。
要半斤。
yiu³ bun³ gan¹
イウ ブンヌ ガンヌ

あのチャーシューをください。
唔該，畀嗰塊叉燒呀。
m⁴ goi¹ bei² go² faai³ cha¹ siu¹ a³
ンム ゴイ ベイ ゴ ファーイ チャ シウ ア

小さく切らなくていいです。
唔使切。
m⁴ sai² chit³
ンム サイ チッ

量り売りの場合、「○ドル分くらい（の量）ください」という買い方も便利です。

チャーシューを 15 ドル分ください。
唔該，畀十五蚊叉燒呀。
m⁴ goi¹ bei² sap⁶ ng⁵ man¹ cha¹ siu¹ a³
ンム ゴイ ベイ サップ ング マンヌ チャ シウ ア

【単位の単語】

1 両 (37.8g)
1 兩
yat¹ leung⁵
ヤッ レオング

1 斤〔1 斤は 16 両〕
1 斤
yat¹ gan¹
ヤッ ガンヌ

4 両 (約 150g)
4 兩
sei³ leung⁵
セイ レオング

半斤 (約 300g)
半斤
bun³ gan¹
ブンヌ ガンヌ

1 ポンド
1 磅
yat¹ bong⁶
ヤッ ボング

1 オンス
1 安士
yat¹ on¹ si²
ヤッ オンヌ シ

1 インチ (2.54cm)
1 吋
yat¹ chun³
ヤッ チュンヌ

1 フィート
1 呎
yat¹ chek³
ヤッ チェック

1 匹
1 隻
yat¹ jek³
ヤッ ジェック

(魚) 1 尾
1 條
yat¹ tiu⁴
ヤッ ティウ

(鶏) 1 羽
1 隻
yat¹ jek³
ヤッ ジェック

(果物) 1 個
1 個
yat¹ go³
ヤッ ゴ

Street Market　路上店舗に行く

女人街に行ったことがありますか？
你去過女人街未呀？
nei⁵ heui³ gwo³ neui⁵ yan² gaai¹ mei⁶ a³
ネイ　ヘォイ　グォ　ネォイ　ヤンヌ　ガァイ　メイ　ア

通菜街という通りだよ。
嗰條街叫通菜街。
go² tiu⁴ gaai¹ giu³ tung¹ choi³ gaai¹
ゴ　ティウ　ガァイ　ギウ　トングゥ　チョイ　ガァイ

地下鉄の旺角駅の近くです。
好近旺角地鐵站。
hou³ kan⁵ wong⁴ gok³ dei⁶ tit³ jaam⁶
ホウ　カンヌ　ウォングゥ　ゴック　デイ　ティッ　ジァアム

今晩は、廟街に行きましょう。
今晩去廟街啦。
gam¹ maan⁵ heui³ miu⁶ gaai¹ la¹
ガム　マァンヌ　ヘォイ　ミウ　ガァイ　ラ

　昼過ぎごろから、旺角の通菜街では車道上に柱を立てて屋台を作る準備が始まります。1軒ごとは小さなスペース、商品をぎっしり並べるためにフレームを高く組み、隣の店との境の天幕に品物を吊り下げていくのです。売り物は下着や安い衣料品がメイン。女性向けの品ぞろえが大部分なのが、別名「女人街」のいわれでしょう。カラフルな下着やアクセサリー、装飾品など、高級品はありませんが、みんな楽しそうにあれこれ品定めをしています。

あのシャツはいくらですか？
嗰件恤衫幾多錢呀？
go² gin⁶ seut¹ saam¹ gei² do¹ chin² a³
ゴ　ギンヌ　セォッ　サァム　ゲイ　ド　チンヌ　ア

そのシャツの隣のです。
嗰件恤衫隔籬嘅。
go² gin⁶ seut¹ saam¹ gaak³ lei⁴ ge³
ゴ　ギンヌ　セォッ　サァム　ガァァック　レイ　ゲ

3枚買ったら、いくらにしてくれる？
買三件幾錢呀？
maai⁵ saam¹ gin⁶ gei² chin⁴ a³
マァイ　サァム　ギンヌ　ゲイ　チンヌ　ア

ちょっと値引きしてくださいよ！
平啲啦！
ping⁴ di¹ la¹
ペンヶ ディ ラ

緑色のをください。
要緑色嘅。
yiu³ luk⁶ sik¹ ge³
イウ ロック シック ゲ

　香港の路上店舗で女人街と並んで有名なのは、佐敦～油麻地の廟街。別名「男人街」の廟街では夕方から店舗が並び始め、にぎやかさは20時過ぎごろからピークとなります。廟街の商品はTシャツやおもちゃ、時計やCD、雑貨などあれこれ。占い師や、路上で広東オペラを歌う人たちも見かけます。そして女人街も男人街も、一日が終わると店舗はいったん片付けられ、車が通る普通の道にもとどおり。店舗つくりと撤収は、日ごとに行われているのです。

ハンカチ
手巾仔
sau² gan¹ jai²
サウ ガンヌ ジャイ

靴下
襪
mat⁶
マッ

タイツ
襪褲
mat⁶ fu³
マッ フ

パンティ
底褲
dai² fu³
ダイ フ

トランクス
孖煙通
ma¹ yin¹ tung¹
マ インヌ トング

Tシャツ
T恤
T¹ seut¹
ティー セオッ

タンクトップ
背心
bui³ sam¹
ブイ サム

ブラジャー
胸圍
hung¹ wai⁴
ホング ワイ

帽子
帽
mou²
モウ

手袋
手襪
sau² mat⁶
サウ マッ

子供用の服
童裝
tung⁴ jong¹
トング ジョング

大人用の服
成人裝
sing⁴ yan⁴ jong¹
センg ヤンヌ ジョング

紳士用の服
男裝
naam⁵ jong¹
ナァム ジョング

婦人用の服
女裝
neui⁵ jong¹
ネォイ ジョング

SS サイズ
加細碼
ga¹ sai³ ma⁵
ガ サイ マ

S サイズ
細碼
sai³ ma⁵
サイ マ

M サイズ
中碼
jung¹ ma⁵
ジョング マ

L サイズ
大碼
daai⁶ ma⁵
ダァイ マ

LL サイズ
加大碼
ga¹ daai⁶ ma⁵
ガ ダァイ マ

Park 朝の公園へ

朝は公園で太極拳をやってるよ。
朝頭早有人喺公園耍太極。
jiu¹ tau⁴ jou² yau⁵ yan⁴ hai² gung¹ yun⁴ sa¹ taai⁶ gik⁶
ジウ タウ ジョウ ヤウ ヤンヌ ハイ ゴング ユンヌ サ タァイ ギック

早起きして、見に行きましょう。
我哋早啲起身去睇吓啦。
ngo⁵ dei⁶ jou² di¹ hei² san¹ heui³ tai² ha⁵ la¹
オ デイ ジョウ ディ ヘイ サンヌ ヘォイ タイ ハ ラ

おはようございます。
早晨。
jou² san⁴
ジョウ サンヌ

見ていていいですか？
可唔可以睇呀？
ho² m⁴ ho² yi⁵ tai² a³
ホ ンム ホ イー タイ ア

一緒にやってみてもいいですか？
可唔可以一齊打呀？
ho² m⁴ ho² yi⁵ yat¹ chai⁴ da² a³
ホ ンム ホ イー ヤッ チャイ ダ ア

日本で太極拳をやったことがあります。
我喺日本學過太極。
ngo⁵ hai² yat⁶ bun² hok⁶ gwo³ taai⁶ gik⁶
オ ハイ ヤッ ブンヌ ホック グォ タァイ ギック

107

朝の公園にはいろいろな人が集まっています。散歩を楽しむ人、遊具で運動をする人、ベンチに腰かけてのんびりしている人。それぞれがマイペースで朝を楽しんでいます。近所から集まってきたグループが太極拳をしていることも。シンプルな動きに剣や扇を使った動作を加えたり、思い思いに練習しています。

カンフー
功夫
gung¹ fu¹
ゴンッ フ

体操
體操
tai² chou¹
タイ チョウ

散歩
散步
saan³ bou⁶
サァンヌ ボウ

読書
睇書
tai² syu¹
タイ シュ

ジョギング
緩步跑
wun⁶ bou⁶ paau²
ウンヌ ボウ パァウ

おしゃべりをする
傾偈
king¹ gai²
ケンッ ガイ

九龍尖沙咀のハーバーサイドでは週に3回、朝8時から政府観光局主催の太極拳体験クラスも開催されています。

Relaxation マッサージへ行く

足が疲れちゃった。
對腳好劫。
dui³ geuk³ hou² gui⁶
デォイ ゲォック ホウ グイ

マッサージ、いますぐできますか？
而家即刻做按摩得唔得呀？
yi⁴ ga¹ jik¹ haak¹ jou⁶ on³ mo¹ dak¹ m⁴ dak¹ a³
イー ガ ジック ハァック ジョウ オンヌ モ ダック ンム ダック ア

　香港でいちばん手軽なリラクゼーションは足つぼマッサージ。足の絵が書いてある看板があちこちで見られます。時間と料金を確認してから始めましょう。マッサージと一緒に爪切りを頼むと、小さなライトで足を照らしながら爪と角質を削り取ってくれます。
　高級スパやエステ、人気のサロンなど、行きたい店が決まっているときは事前に予約することをおすすめします。

全身マッサージやエステティックは着替えて行うことが多く、薄着になるので冷房の寒さに注意を。寒いときは我慢せずにお店の人に伝えたほうがよいです。

2人一緒にできますか？
兩個人一齊做，得唔得呢？
leung⁵ go³ yan⁴ yat¹ chai⁴ jou⁶ dak¹ m⁴ dak¹ ne¹
レォング ゴ ヤンヌ ヤッ チャイ ジョウ ダック ンム ダック ネ

予約したいです。空いているのは何時ですか？
我想預約，幾點有位呀？
ngo⁵ seung² yu⁶ yeuk³ gei² dim³ yau⁵ wai³ a³
オ セォング ユ イェォック ゲイ ディム ヤウ ワイ ア

フットマッサージをお願いします。
我想做腳底按摩。
ngo⁵ seung² jou⁶ geuk³ dai² on³ mo¹
オ セォング ジョウ ゲォック ダイ オンヌ モ

料金表を見せてください。
畀我睇吓價錢表。
bei² ngo⁵ tai² ha⁵ ga¹ chin⁴ biu²
ベイ オ タイ ハ ガ チンヌ ビウ

このコースの所要時間はどのくらいですか？
呢套要幾耐時間呀？
ni¹ tou³ yiu³ gei² noi⁶ si⁴ gaan³ a³
ニ トウ イウ ゲイ ノイ シ ガァンヌ ア

このコースをお願いします。
我買呢個 course。
ngo⁵ maai⁵ ni¹ go³ Course
オ マァイ ニ ゴ コース

着替えはどこでするんですか？
喺邊度換衫呀？
hai² bin¹ dou⁶ wun⁶ saam¹ a³
ハイ ビンヌ ドウ ウンヌ サァム ア

トイレはどこですか？
洗手間喺邊度呀？
sai² sau² gaan¹ hai² bin¹ dou⁶ a³
サイ サウ ガァンヌ ハイ ビンヌ ドウ ア

ここが特に疲れています。
呢度好攰。
ni¹ dou⁶ hou² gui⁶
ニ ドウ ホウ グイ

それは苦手なので、やめてください。
呢樣唔得，停手啦，唔該。
ni¹ yeung⁶ m⁴ dak¹ ting⁴ sau² la¹ m⁴ goi¹
ニ イェオング ンム ダック テング サウ ラ ンム ゴイ

もう少し強く押してください。
大力啲啦。
daai⁶ lik⁶ di¹ la¹
ダァイ リック ディ ラ

痛いです！　そこは押さないでください。
好痛呀！　唔好按嗰度。
hou² tung³ a³　　m⁴ hou² on³ go² dou⁶
ホウ トンヶ ア　　ンム ホウ オンヌ ゴ ドウ

寒いです。
好凍呀！
hou² dung³ a³
ホウ ドンヶ ア

タオルをかけてくれますか？
可唔可以用毛巾冚冚？
ho² m⁴ ho² yi⁵ yung⁶ mou⁴ gan¹ kam² kam²
ホ ンム ホ イー ヨンヌ モウ ガンヌ カム カム

気持ちいいです。
好舒服。
hou² syu¹ fuk⁶
ホウ シュ フック

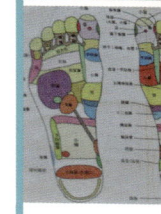

1 ピリオド（マッサージ店：45 分のことが多い）
一粒鐘
yat¹ lap¹ jung¹
ヤッ ラップ ジョング

10 分
十分鐘
sap⁶ fan¹ jung¹
サップ ファヌ ジョング

サウナ
桑拿
song¹ na⁴
ソング ナ

フェイシャルトリートメント
做 facial
jou⁶ facial
ジョウ フェイシャル

1 時間
一個鐘頭
yat¹ go³ jung¹ tau⁴
ヤッ ゴ ジョング タウ

マッサージ
按摩
on³ mo¹
オンヌ モ

爪切り（爪の手入れ）
修甲
sau¹ gaap³
サウ ガアップ

スパ・リラクゼーション
水療
seui² liu⁴
セオイ リウ

Tea & Sweets 甘いもの休憩

ホテルでアフタヌーンティーしましょう。
去酒店飲下午茶啦。
heui³ jau² dim³ yam² ha⁶ ng⁵ cha⁴ la³
ヘオイ ジャウ ディム ヤム ハ ン グ チャ ラ

茶餐廳に行く？
去唔去茶餐廳呀？
heui³ m⁴ heui³ cha⁴ chaan¹ teng¹ a³
ヘオイ ン ム ヘオイ チャ チャアンヌ テング ア

許留山で楊枝甘露を食べましょうよ。
我哋去許留山食楊枝甘露啦。
ngo⁵ dei⁶ heui³ heui² lau⁴ saan¹ sik⁶ yeung⁴ ji¹ gam¹ lo⁶ la³
オ デイ ヘオイ ヘオイ ラウ サアンヌ シック イエング ジ ガム ロ ラ

コーヒー
咖啡
ga³ fe¹
ガ フェ

レモン
檸檬
ning⁴ mung¹
ネング ムング

ミルク
牛奶
ngau⁴ naai⁵
ンガウ ナァイ

糖朝
糖朝
tong⁴ chiu⁵
トング チウ

豆腐花
豆腐花
dau⁶ fu⁶ fa¹
ダウ フ ファ

紅茶
紅茶
hung⁴ cha⁴
ホング チャ

砂糖
糖
tong⁴
トング

満記
滿記
mun⁵ gei³
ムンヌ ゲイ

マンゴープリン
芒果布甸
mong¹ gwo² bou³ din¹
モング グォ ボウ ディンヌ

香港のアフタヌーンティーは15時ごろからにぎわいます。有名ホテルのラウンジで出されるセットには、3段ほどに重なったトレーにスコーン、小さなペストリー、サンドイッチなどがどっさり。「お茶とお菓子」などと侮れないボリュームです。
　おやつは食べたいけどその後の夕食もお楽しみ、というときはスイーツのお店がいいのでは。よくとりあげられるマンゴープリンのほかにも手ごろなデザートが様々あり、目と舌を満足させてくれます。

禁煙

　政府衛生署は禁煙プロジェクトを積極的に進めていて、2007年の禁煙条例施行以降、喫煙できる場所を極端に減らしています。ショッピングモール、レストラン、バーや屋内施設は禁煙。「屋根がある場所ではタバコは吸えない」ということです。喫煙所も少なくなっています。屋外でも公園はほぼ全部禁煙、バスターミナルも喫煙禁止。禁煙区域は増加の一途です。公共スペースではほとんどタバコが吸えないと思ってください。路上のゴミ箱は上部が灰皿になっていますが、禁煙エリアのゴミ箱は似た形でも上の灰皿が付いていないので注意。ホテルも禁煙ルームの割合が増え、小さなホテルでは全館禁煙も珍しくないようです。禁止エリアで喫煙すると1500ドルの罰金です。気をつけましょう。

Night View　夜景を見る

もうすぐ7時半だよ！
差唔多七點半喇！
cha¹ m⁴ do¹ chat¹ dim² bun³ la³
チャンム ド チャッ ディム ブンヌ ラ

シンフォニー・オブ・ライツは何時から？
幻彩詠香江幾點鐘開始呀？
waan⁶ choi² wing⁶ heung¹ gong¹ gei² dim² jung¹ hoi¹ chi² a³
ワンヌ チョイ ウェング ヘオング ゴング ゲイ ディム ジョング ホイ チ ア

8時からです。　　　　　　ハーバーに行きましょう。
八點鐘開始。　　　　去海旁睇啦。
baat³ dim² jung¹ hoi¹ chi²　　heui³ hoi¹ pong⁴ tai² la³
バァッ ディム ジョング ホイ チ　　ヘォイ ホイ ポング タイ ラ

　毎晩午後8時に、港に面したビルが色とりどりのレーザーで彩られます。2004年に香港島のビル群から始まった光のショー「シンフォニー・オブ・ライツ」。現在は香港島、九龍の両サイド合わせて40以上の建物からのレーザーが約13分間、香港の夜を照らします。

シンフォニー・オブ・ライツ
幻彩詠香江
waan⁶ choi² wing⁶ heung¹ gong¹
ワンヌ チョイ ウィング ヘオング ゴング

チムシャツイイーストプロムナード
尖沙咀海濱長廊
jim¹ sa¹ jeui² hoi² ban¹ cheung⁴ long⁴
ジム サ ジェオイ ホイ バンヌ チェオング ロング

レーザー光線
激光
gik¹ gwong¹
ギッッ グオング

ネオンサイン
霓虹招牌
ngai⁴ hung⁴ jiu⁴ paai⁴
ンガイ ホング ジウ パァイ

115

photo:森山正明

Breakfast 朝食

お粥を食べに行きますか？
去唔去食粥呀？
heui³ m⁴ heui³ sik⁶ juk¹ a³
ヘオイ ンム ヘオイ シック ジョック ア

今朝は点心を食べたいな。
今朝我想食啲點心。
gam¹ jiu¹ ngo⁵ seung² sik⁶ di¹ dim² sam¹
ガム ジウ オ セォング シック ディ ディム サム

評判のいい店を紹介してください。
唔該，畀我介紹好受歡迎嘅酒樓呀。
m⁴ goi¹ bei² ngo⁵ gaai³ siu⁶ hou² sau² fun¹ ying¹ ge³ jau² lau⁴ a³
ンム ゴイ ベイ オ ガァイ シウ ホウ サウ フンヌ イェング ゲ ジャウ ラウ ア

ここから歩いて行けますか？
行唔行到去呀？
hang⁴ m⁴ hang⁴ dou³ heui³ a³
ハング ンム ハング ドウ ヘオイ ア

バスで５分ぐらいですよ。
坐巴士五分鐘就到喇。
cho⁴ ba¹ si² ng⁵ fan¹ jung¹ jau⁶ dou³ la³
チョ バ シ ング ファンヌ ジョング ジャウ ドウ ラ

　朝食を外でとる人が多い香港、たくさんの飲食店が朝から営業しています。「粥麺専家」の看板を掲げるお粥屋さんでは、好きな粥に好みで「油條」と呼ばれる揚げパンを足して食べます。飲茶はお茶と好きな点心（おかず）を頼むスタイルの食事。「早茶」というレストランの貼り紙は、朝の飲茶をやっているサインです。

看板

　目立とう目立とうと道路上に大きく張り出し、色の洪水のように上空を埋める看板。強烈に香港を印象付ける風景です。大小一つひとつの看板は宣伝効果を上げようと工夫を凝らしているので、文字も絵柄も見ていて楽しめます。文字中心でシンプルな色づかいなのが香港看板の特徴。

　路上張出し看板が多いのは、やはり繁華街。尖沙咀や油麻地の彌敦道、香港島銅鑼湾の波斯富街、九龍深水埗などで多く見られ、エリアによってデザインや色彩の傾向が違います。こういった看板は〔招牌〕と呼ばれる、そこにある店へ客を招き入れるためのものがほとんど。ビル壁面や駅内、バス停などにある商品やブランドの広告は〔廣告牌〕といいます。

117

Dim sum 飲茶する

すみません。ここあいてますか？
請問呢度有冇人呀？
cheng² man⁶ ni¹ dou⁶ yau⁵ mou⁵ yan⁴ a³
チェング マンヌ ニ ドウ ヤウ モウ ヤンヌ ア

あいてません。人がいます。
有人。
yau⁵ yan⁴
ヤウ ヤンヌ

何名様ですか？　　　　　3人です。
幾位呀？　　　　　　　三位。
gei² wai² a³　　　　　　saam¹ wai²
ゲイ ワイ ア　　　　　　サァム ワイ

何を飲みますか？
飲乜嘢茶呀？
yam² mat¹ ye⁵ cha⁴ a³
ヤム マッ イェ チャ ア

水仙茶をください。
水仙，唔該。
seui² sin¹ m⁴ goi¹
セォイ シンヌ ンム ゴイ

　飲茶に行って店の人がたずねてくるのは、まず「何人か」、次は「何（のお茶）を飲む？」だと思ってほぼ間違いなし。
　最近はセイロを乗せたワゴンを店の人が押して回る店が少なくなり、オーダーシートで注文をする店が一般的。朝の飲茶はグランドメニューとは別の紙が用意されていて、卓上に何種類かのオーダー用の紙があります。漢字ばかりだからと焦らずに、じっくり解読してください。

お粥も点心のひとつとしてメニューに入っていることが多いです。

お湯を捨ててください。
唔該，倒水呀。
m⁴ goi¹ dou² seui² a³
ンм ゴイ ドウ セオイ ア

お湯を足してください。
唔該，沖水。
m⁴ goi¹ chung¹ seui²
ンм ゴイ チュング セオイ

この点心は頼んでいません。
我唔係叫呢個點心㗎。
ngo⁵ m⁴ hai⁶ giu³ ni¹ go³ dim² sam¹ ga³
オ ンм ハイ ギウ ニ ゴ ディм サм ガ

頼んだ点心がまだ来ないんだけど。
啲點心仲未嚟。
di¹ dim² sam¹ jung⁶ mei⁶ lei⁴
ディ ディм サм ジョング メイ レイ

エビシューマイがまだ来てないんです。
蝦餃仲未嚟。
ha¹ gaau² jung⁶ mei⁶ lei⁴
ハ ガァウ ジョング メイ レイ

セイロの中を見せてください。
唔該，畀我睇吓蒸籠裡面。
m⁴ goi¹ bei² ngo⁵ tai² ha¹ jing¹ lung⁴ leui⁵ min⁶
ンм ゴイ ベイ オ タイ ハ ジェング ロング レオイ ミンヌ

これをください。
我要呢個。
ngo⁵ yiu³ ni¹ go³
オ イウ ニ ゴ

オーダーシートをもう1枚ください。
唔該，畀多張點心紙我。
m⁴ goi¹ bei² do¹ jeung¹ dim² sam¹ ji² ngo⁵
ンм ゴイ ベイド ジェオング ディм サм ジ オ

おいしい！
好食！
hou² sik⁶
ホウ シック

熱い！
好熱！
hou² yit⁶
ホウ イッ

（メニューを指して）この点心はおかず？デザート？
呢個點心係鹹點定甜點呀？
ni¹ go³ dim² sam¹ hai⁶ haam⁴ dim² ding⁶ tim⁴ dim² a³
ニ ゴ ディム サム ハイ ハァム ディム デング ティム ディム ア

テイクアウトの容器をください。
唔該，畀個盒仔我。
m⁴ goi¹ bei² go³ hap⁶ jai² ngo⁵
ンム ゴイ ベイ ゴ ハップ ジャイ オ

すみません、勘定お願いします。
唔該，埋單啦。
m⁴ goi¹ maai⁴ daan¹ la¹
ンム ゴイ マァイ ダァンヌ ラ

飲茶
飲茶
yam² cha⁴
ヤム チャ

点心
點心
dim² sam¹
ディム サム

（茶）水仙
水仙
seui¹ sin¹
セオイ シンヌ

（茶）プーアール
普洱
bou² lei²
ボウ レイ

（茶）菊花入りプーアール
菊普
guk¹ bou²
ゴック ボウ

（茶）六安
六安
luk⁶ on¹
ロック オンヌ

（茶）壽眉
壽眉
sau⁶ mei²
サウ メイ

（茶）龍井
龍井
lung² jeng²
ロング ジェング

（茶）ジャスミン
香片
heung¹ pin²
ヘオング ピンヌ

甘い点心
甜點
tim⁴ dim²
ティム ディム

甘くない（おかず向きの）点心
鹹點
haam⁴ dim²
ハァム ディム

エビ餃子
蝦餃
ha¹ gaau²
ハ ガァウ

シューマイ
燒賣
siu¹ maai²
シウ マァイ

チャーシューまん
叉燒包
cha¹ siu¹ baau¹
チャ シウ バァウ

腸粉
腸粉
cheung² fan²
チェオング ファンヌ

点心を持ってきたときに、店の人が卓上のカードにスタンプを押していきます。これが伝票。お金は、店を出るときにまとめて払います。

粥
粥
juk¹
ジョック

粥麺屋
粥麺專家
juk¹ min⁶ jyun¹ ga¹
ジョック ミンヌ ジュング ガ

艇仔粥（魚主体）
艇仔粥
ting⁵ jai² juk¹
テング ジャイ ジョック

油條（揚げパン）
油炸鬼／油條
yau⁴ ja³ gwai² ／ yau⁴ tiu⁴
ヤウ ジャ グワイ／ヤウ ティウ

水餃子麺
水餃麺
seui² gaau² min⁶
セォイ ガウ ミンヌ

麺
麺
min⁶
ミンヌ

ピータンと豚肉の粥
皮蛋瘦肉粥
pei⁴ daan² sau³ yuk⁶ juk¹
ペイ ダァンヌ サウ ヨック ジョック

及第粥（豚肉とモツ）
及第粥
kap⁶ dai⁶ juk¹
カップ ダイ ジョック

エビワンタン麺
鮮蝦雲吞麵
sin¹ ha¹ wan⁴ tan¹ min⁶
シン ハ ワンヌ タンヌ ミンヌ

エビの乾燥卵入りあえ麺
蝦子撈麵
ha¹ ji² lou⁴ min⁶
ハ ジ ロウ ミンヌ

"Cha Chaan Teng" 茶餐廳へ

ミルクティーください。
唔該畀杯奶茶呀。
m⁴ goi¹ bei² bui¹ naai⁵ cha⁴ a³
ンム ゴイ ベイ ブイ ナァイ チャ ア

熱いのですか？冷たいのですか？
熱定凍㗎？
yit⁶ ding⁶ dung³ ga³
イッ デング ドング ガ

ホットでお願いします。
熱嘅。
yit⁶ ge³
イッ ゲ

　喫茶店でもあり、食堂でもある茶餐廳でまず驚くのは、メニューの多彩さです。コーヒー、紅茶からジュース、アイス、そしていろいろな食べ物やデザート。セットメニューも多くあり、目移りしてしまうこと間違いなしです。
　メニューは漢字だらけですが、よく見れば手がかりがつかめます。メニューの最後の字を見て「麺」「飯」とあれば、その前に並ぶ漢字は具の種類。漢字をいくつかのグループに分けてみれば、なんとなく解読可能。正解は料理が出てきてからのお楽しみです。
　デザートや飲み物は、ホットかアイスかを注文のときに聞かれます。コーラ等の炭酸飲料でも「ホット」があるので、最初から「冷たいの」「熱いの」と付けて注文するのが香港流。もっとも、メニューに最初から「冰」や「雪」の字が付いているものは、冷たい食べ物です。セットメニューの飲み物は、アイスを頼むと何ドルか加算するところもあります。
　「A 餐」「B 餐」などと表記される朝食セットメニューは、トースト、マカロニなどの主食と目玉焼き、飲み物といった組合せ。ほとんどの茶餐廳で食べられます。香港ならではの主食はインスタントラーメン（公仔麵）。地元ではごく普通に、セットメニューの定番として受け入れられています。店によりセットの飲み物をアイスにすると料金の加算あり、また普及品の公仔麵を「出前一丁」にアップグレードすると料金を加算する店もあります。

茶餐廳では飲み物も試してください。コーヒーや紅茶のどっしりした味わいは、やみつきになるかも。

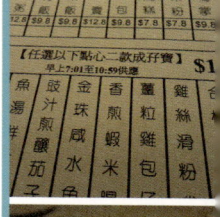

このセット、コーヒーはミルク少なめにしてください。

呢套餐，咖啡要少奶，唔該。
ni¹ tou³ chaan¹ ga³ fe¹ yiu³ siu² naai⁵ m⁴ goi¹
ニ　トウ　チャァンヌ　ガ　フェ　イウ　シウ　ナァイ　ンム　ゴイ

Bセット、出前一丁にしてください。

B 餐要出前一丁，唔該。
B Chaan¹ yiu³ cheut¹ chin⁴ yat¹ ding¹ m⁴ goi¹
ビー　チャァンヌ　イウ　チェオッ　チンヌ　ヤッ　デングム　ゴイ

揚州炒飯とスープをください。

一個揚州炒飯，一個湯呀，唔該。
yat¹ go³ yeung⁴ jau¹ chaau² faan⁶ yat¹ go³ tong¹ a³ m⁴ goi¹
ヤッ　ゴ　イェオング　ジャウ　チャァウ　ファーンヌ　ヤッ　ゴ　トンヌ　ア　ンム　ゴイ

コーヒー
咖啡
ga³ fe¹
ガ　フェ

ブラックコーヒー
齋啡
jaai¹ fe¹
ジャァイ　フェ

ホットレモンティー
熱檸茶
yit⁶ ning⁴ cha⁴
イッ　ネング　チャ

ミルクティー
奶茶
naai⁵ cha⁴
ナァイ　チャ

鴛鴦茶（コーヒーと紅茶ミックス）
鴛鴦茶
yin¹ yeung¹ cha⁴
インヌ　イェオング　チャ

コーラ
可樂
ho² lok⁶
ホ　ロック

レモンコーラ
檸樂
ning⁴ lok⁶
ネング　ロック

アイスクリーム
雪糕
syut³ gou¹
シュッ　ゴウ

セットメニュー
套餐
tou³ chaan¹
トウ　チャァンヌ

香港の祝日

祝日は観光スポットや繁華街がいつも以上ににぎわいます。香港の祝日は新暦にもとづいて毎年決まった日のもの（☆）と、旧暦（農暦といいます）のため年ごとに日が変わるもの（★）があるので、翌年の祝日は香港政府のウェブサイトでチェックするとよいでしょう。
祝日が日曜と重なると、翌日が振替休日になります。

【新暦新年☆1月1日】
【旧正月★（農暦1月1日〜3日の3日間休み）】
　中国や香港では「正月」といえば新暦よりこちらがはるかに盛大に祝われる。お年玉を配るのも旧正月。ほぼ年中無休の店でもこの日だけは休み、ということも多いので注意。
【清明節★春分の15日後】
　祖先の墓参りに向かう人で交通機関は混雑することも。
【イースター★（3日間休み）】
　復活祭は「春分の日後のはじめての満月の次の日曜」。
　日曜をはさむ金・土・月曜が祝日となっている。
【仏陀の誕生日★農暦4月8日】
【メーデー☆5月1日】
【端午節★農暦5月5日】
　詩人である屈原が川に身を投げた故事から、ちまきを食べて屈原を偲ぶ。各地の川などでドラゴンボートレースが開催される。
【香港特別行政区成立記念日☆7月1日】
　1997年、香港がイギリスから中国に返還された日。
【中秋節★農暦8月15日（翌日が休日）】
　月を眺める「お月見」の日。夜は燈籠やろうそくに火を灯して楽しむ。日頃お世話になっている人に月餅を贈る習慣があり、多くの菓子店は、趣向を凝らした月餅を販売する。銅鑼湾大坑地区で行う「ファイアードラゴンダンス」では、炎をつけた龍が街を練り歩く。
【国慶節☆10月1日】
　中国の建国記念日にあたる。

photo:森山 正明

【重陽節★農暦9月9日】
　先人に感謝をする敬老の日。また故事から「高いところに登るとよい」といわれる日で、家族そろって山へ墓参りに行ったり、高いビルに行く人が多い。
【クリスマス☆12月25日〜26日】

Fresh Juice
生ジュースを飲む

（今日は）暑い！
好熱！
hou² yit⁶
ホウ イッ

のどが渇いた！
口渴呀！
hau² hot³ a³
ハウ ホッ ア

店先にジューサーが置いてある果物店では、そこにある果物をしぼってジュースを作ってくれます。1杯のジュースにそんなに？　と思うほどに果物をたっぷり使って、その場でできあがる新鮮な味は格別。果物が安い香港なので値段も安く、一日に何杯でも飲んでしまいたくなります。

2種類の果物をミックスしてもらえる店もあるので、新しい味に挑戦するのも楽しいでしょう。

リンゴジュースをください。
蘋果汁呀，唔該。
ping⁴ gwo² jap¹ a³ m⁴ goi¹
ペング グォ ジャップ ア ンム ゴイ

スモールサイズをください。
細杯唔該。
sai³ bui¹ m⁴ goi⁵
サイ ブイ ンム ゴイ

この果物で作ってください。
唔該，用呢啲生果喇。
m⁴ goi¹ yung⁶ ni¹ di¹ saang¹ gwo² la³
ンム ゴイ ヨング ニ ディ サァング グォ ラ

オレンジとこれをミックスしてくれますか？
橙同呢個溝埋一齊，好唔好呀？
chaan² tung⁴ ni¹ go³ kau¹ maai⁴ yat¹ chai⁴ hou² m⁴ hou² a³
チャァング トング ニ ゴ カウ マァイ ヤッ チャイ ホウ ンム ホウ ア

これは酸っぱいですか？
呢個酸唔酸呀？
ni¹ go³ syun¹ m⁴ syun¹ a³
ニ ゴ シュンヌ ンム シュンヌ ア

日本語	広東語	発音
リンゴ	蘋果	ping⁴ gwo² / ペング グォ
梨	雪梨	syut³ lei² / シュッ レイ
マンゴー	芒果	mong¹ gwo² / モング グォ
ドラゴンフルーツ	火龍果	fo² lung⁴ gwo³ / フォ ロング グォ
辛い	辣	laat⁶ / ラァッ
酸っぱい	酸	syun¹ / シュンヌ
オレンジ	橙	chaang² / チャアング
スイカ	西瓜	sai¹ gwa¹ / サイ グヮ
スターフルーツ	楊桃	yeung⁴ tou⁴ / イェオング トウ
ジュース	果汁	gwo² jap¹ / グォ ジャップ
塩辛い	鹹	haam⁴ / ハァム
苦い	苦	fu² / フ

Restaurant　レストランで食事

私の代わりに電話してもらえますか？
可唔可以幫我打個電話呀？
ho⁵ m⁴ ho² yi⁵ bong¹ ngo⁵ da⁵ go³ din⁶ wa² a³
ホ　ンム　ホーイー　ボンヶ　オ　ダ　ゴ　ディンヌ　ワア

このレストランを予約してください。
唔該幫我打電話畀呢間餐廳訂張枱呀。
m⁴ goi¹ bong¹ ngo⁵ da² din⁶ wa² bei² ni¹ gaan¹ chaan¹ teng¹ deng⁶ jeung¹ toi² a³
ンム　ゴイ　ボンヶ　オ　ダ　ディンヌ　ワ　ベイ　ニ　ガァンヌ　チャァンヌ　テンヶ　デンヶ　ジェオンヶ　トイ　ア

明日の午後6時から、4人で行きたいんです。
聽晚六點四個人去。
ting¹ maan⁵ luk⁶ dim² sei³ go³ yan⁴ heui³
テンヶ　マァンヌ　ロック　ディム　セイ　ゴ　ヤンヌ　ヘォイ

　人気のある店なら、夕食は予約していくと待ち時間も少なくて安心。泊まっているホテルのスタッフに頼んで電話で予約してもらうのも手です。
　朝の飲茶と同じく、レストランでもまず聞かれるのは「何を飲む？」。お茶なら茶葉の種類、ビールは銘柄を指定してオーダーします。ビールはたいてい何種類かを用意していますが、その他の酒類は種類があまり多くありません。特に飲みたいものがあれば持ち込むことも可能（不可の店もあります）。持込みの可否や、「開瓶費」という持込料を取るかは店の人に確認します。

こんにちは。6時から4人で予約しています。
你好，我姓高橋訂咗四位六點嘅。
nei⁵ hou² ngo² sing³ gou¹ kiu⁴ deng⁶ jo² sei³ wai⁶ luk⁶ dim² ge³
ネイ　ホウ　オ　センヶ　ゴウ　キウ　デンヶ　ジョ　セイ　ワイ　ロック　ディムゲ

もう少し広いテーブルは空いていませんか？
有冇大啲嘅枱呀？
yau⁵ mou⁵ daai⁶ di¹ ge³ toi² a³
ヤウ　モウ　ダァイ　ディ　ゲ　トイ　ア

ポーレイ茶と青島ビールをください。
一壺普洱，一枝青島啤酒，唔該。
yat¹ wu⁴ bou² lei² yat¹ ji¹ ching¹ dou² be¹ jau² m⁴ goi¹
ヤッ　ウ　ボウ　レイ　ヤッ　ジ　チェンヶ　ドウ　ベ　ジャウ　ンム　ゴイ

おすすめの料理はどれですか？
有乜嘢好介紹呀？
yau⁵ mat¹ ye⁵ hou² gaai³ siu⁶ a³
ヤウ　マッ　イェ　ホウ　ガァイ　シウ　ア

日本語のメニューはありますか？
有冇日文餐牌呀？
yau⁵ mou⁵ yat⁶ man² chaan¹ paai⁴ a³
ヤウ モウ ヤッ マンヌ チャアンヌ パァイ ア

ちょっと待ってください。（注文を考えているので）
等一陣，諗吓先。
dang² yat¹ jan⁶ nam² ha⁵ sin¹
ダング ヤッ ジャンヌ ナム ハ シンヌ

これはいくらですか？
呢個幾錢呀？
ni¹ go³ gei² chin⁴ a³
ニ ゴ ゲイ チンヌ ア

（ビールは）瓶ですか？缶ですか？
樽定罐呀？
jeun¹ ding⁶ gun³ a³
ジェオンヌ デング グンヌ ア

（サイズを聞かれて）小さいのでいいです。
細碟得喇。
sai³ dip⁶ dak¹ la³
サイ ディップ ダック ラ

(ビール) サンミゲル
生力
saang¹ lik⁶
サアング リック

(ビール) カールスバーグ
嘉士伯
ga¹ si⁶ baak³
ガ シ バァック

(ビール) ハイネケン
喜力
hei² lik⁶
ヘイ リック

(ビール) ブルーガール
藍妹
laam⁴ mui¹
ラァム ムイ

(ビール) 青島
青島
cheng¹ dou²
チェング ドウ

(ビール) 燕京
燕京
yin¹ ging¹
インヌ ゲング

(紹興酒) 加飯
加飯
ga¹ faan⁶
ガ ファーンヌ

(紹興酒) 花彫
花彫
fa¹ diu¹
ファ ディウ

赤ワイン
紅酒
hung⁴ jau²
ホング ジャウ

白ワイン
白酒
baak⁶ jau²
バァック ジャウ

水
水
seui²
セオイ

スイカジュース
西瓜汁
sai¹ gwa¹ jap¹
サイ グヮ ジャップ

オレンジジュース
橙汁
chaang² jap¹
チャアング ジャップ

焼酎
燒酎 / 燒酒
siu¹ jau⁶ / siu¹ jau²
シウ ジャウ／シウ ジャウ

(ビール) 金威
金威
gam¹ wai¹
ガム ワイ

飲み物の持込料はかかりますか？
唔該呢度有冇開瓶費㗎？
m⁴ goi¹ ni¹ dou⁶ yau⁵ mou⁵ hoi¹ ping⁴ fai³ ga³
ンム ゴイ ニ ドウ ヤウ モウ ホイ ペング ファイ ガ

グラスを３個ください。
唔該畀三個杯我。
m⁴ goi¹ bei² saam¹ go³ bui¹ ngo⁵
ンム ゴイ ベイ サァム ゴ ブイ オ

氷を持ってきてください。
畀啲冰我呀，唔該。
bei² di¹ bing¹ ngo⁵ a³ m⁴ goi¹
ベイ ディ ベング オ ラ ンム ゴイ

あちらの席に移ってもいいですか？
可唔可以去嗰度調位呢？
ho² m⁴ ho² yi⁵ heui³ go² dou⁶ diu⁶ wai² ne¹
ホ ム ホイー ヘォイ ゴ ドウ ディウ ワイ ネ

冷房が当たるので寒いんです。
好凍啊，冷氣直接吹到呢度。
hou² dung³ a³ laang⁵ hei³ jik⁶ jip³ cheui¹ dou³ ni¹ dou⁶
ホウ ドング ア ラァング ヘイ ジック ジップ チェオイ ドウ ニ ドウ

肩掛けを貸してください。
唔該，借條披肩畀我啦。
m⁴ goi¹ je³ tiu⁴ pei¹ gin¹ bei² ngo⁵ la³
ンム ゴイ ジェ ティウ ペイ ギンヌ ベイ オ ラ

メニューを持ってきてください。
唔該，餐牌吖。
m⁴ goi¹ chaan¹ paai² a¹
ンム ゴイ チャァンヌ パァイ ア

お勘定してください。
唔該，埋單啦。
m⁴ goi¹ maai⁴ daan¹ la¹
ンム ゴイ マァイ ダァンヌ ラ

　メニューを見て、食べたいものを選びます。日本語のメニューを用意しているところもあります。これは全体のメニューから日本人の好きそうなものを選んで書き出していることが多いので、物足りなければ中国語のメニューも返さないで見比べましょう。庶民的なレストランではテーブルの上におすすめセットを書き出した紙片があったり、壁に季節のメニューを貼っていることもあります。急いで決める必要はないので、じっくりと選びましょう。

　食後の会計はテーブルで。明細を持ってきたら、頼んだものと数量が合っているか、頼んでいたのにこなかったものが加算されていないかなどを確認します。サービス料が明細に加算されていたら、さらにチップを渡す必要はありません。お釣りの小銭程度で十分でしょう。

And More もっと楽しもう

Horse Racing（競馬）

9月から翌6月のシーズン中、香港に2か所ある競馬場で開催。ハッピーバレー競馬場は繁華街にも近く、高層ビルをバックに走る馬が見られます。馬券は競馬場のほか、街中にあるジョッキークラブでも購入できます。

今日は競馬をやっていますか？
今日有冇跑馬？
gam¹ yat⁶ yau⁵ mou⁵ paau² ma⁵
ガム ヤッ ヤウ モウ パァウ マ

馬券の買い方ガイドをください。
唔該，畀一份投注指南手冊我。
m⁴ goi¹ bei² yat¹ fan⁶ tau⁴ jyu³ ji² naam⁴ sau² chaak³ ngo⁵
ンム ゴイ ベイ ヤッ ファンヌ タウ ジュ ジ ナァム サウ チャアック オ

photo:森山 正明

払戻しはどこでできますか？
請問喺邊個窗口收錢呀？
cheng² man⁶ hai² bin¹ go³ cheung¹ hau² sau¹ chin⁴ a³
チェング マンヌ ハイ ビンヌ ゴ チェオング ハウ サウ チンヌ ア

Hong Kong Marathon（香港マラソン）

年1回開催。メインスポンサーの銀行の名をとって、香港人は「チャーターマラソン」と呼びます。総参加者数が5万人以上という大きな大会で、香港島の東區走廊、西區海底トンネルといった自動車専用道路を走ることができるのが魅力。ゴール近くの銅鑼湾が応援ポイントです。

ナンバーカードの受け取りコーナーはどこですか？
請問號碼布喺邊度攞呀？
cheng² man⁶ hou⁶ ma⁵ bou³ hai² bin¹ dou¹ lo² a³
チェング マンヌ ホウ マ ボウ ハイ ビンヌ ドウ ロ ア

香港マラソンに参加します。
我會參加香港馬拉松。
ngo⁵ wui⁶ chaam¹ ga¹ heung¹ gong² ma⁵ laai¹ chung⁴
オ ウイ チャァーム ガ ヘオング ゴング マ ラァイ チョング

リタイヤします。
我棄權喇。
ngo⁵ hei³ kyun⁴ la³
オ ヘイ キュンヌ ラ

がんばれ！
加油！
ga¹ yau⁴
ガ ヤウ

Ocean Park（オーシャンパーク）

パンダとさまざまなアトラクションで香港人に圧倒的な人気。園内の移動にロープウェイや電車もある大規模テーマパークです。一日ですべてを回りきれない広さなので、何を見たいか計画を立てて行くとよいでしょう。

海洋公園に行くバスはどれですか？
邊架巴士去海洋公園呀？
bin^1 ga^3 ba^1 si^2 heui^3 hoi^2 yeung^4 gung^1 yun^2 a^3
ビンヌ ガ バ シ ヘォイ ホイ イェオング ゴング ユンヌ ア

予約したチケットを取りに来ました。
唔該，我之前 book 咗幾張飛想攞嘅。
m^4 goi^1 ngo^5 ji^1 chin^4 book jo^2 gei^2 jeung^1 fei^1 seung^2 lo^2 ge^3
ンム ゴイ オ ジ チンヌ ブッ ジョ ゲイ ジェオング フェイ セオング ロ ゲ

大人2枚、子供1枚ください。
兩張大人飛，一張小童飛，唔該。
leung^5 jeung^1 daai^6 yan^4 fei^1 yat^1 jeung^1 siu^2 tung^4 fei^1 m^4 goi^1
レオング ジェオング ダァイ ヤンヌ フェイ ヤッ ジェオング シウ トング フェイ ンム ゴイ

Hong Kong Disnyland（香港ディズニーランド）

規模は小ぶりですが、子供連れには楽しい穴場です。中国本土の休日とぶつかると混雑することもあるようです。

Hong Kong Wetland Park（湿地公園）

新界西北海岸部に広がる湿地帯を見事に活用した自然公園で、ラムサール条約登録湿地である米埔自然保護区に隣接しています。そのため、園内には野鳥を観察する小屋もあり、沼を傷めないための木製浮き橋もあり、沼や干潟の美しい自然、湿地の動植物を身近に観察できます。とくに野鳥や干潟生物がたくさん見られます。

野鳥観察場はどこですか？
請問觀鳥屋喺邊度呀？
cheng² man⁶ gun¹ niu⁵ nguk¹ hai² bin¹ dou⁶ a³
チェング　マンヌ　グンヌ　ニウ　ンゴック　ハイ　ビンヌ　ドウ　ア

干潮時間はいつごろですか？
幾點退潮呀？
gei² dim² teui¹ chiu⁴ a³
ゲイ　ディム　テオイ　チウ　ア

Sky 100（スカイ100）

香港で一番高いICCビルの100階にある展望室。海抜396メートルの展望室からは香港に林立する超高層ビルがかなり下のほうに見え、このビルが超超高層ビルだと納得します。天候が悪いと雲が眼下にくるので絶景は見えなくなってしまいます。

予約時間の15分前には入口に来てください。
請你喺預約時間嘅15分前嚟到入口。
cheng² nei⁵ hai² yu⁶ yeuk⁶ si⁴ gaan¹ ge³ sap⁶ ng⁵ fan¹ chin⁴ lei⁴ dou³ yap⁶ hau²
チェング　ネイ　ハイ　ユ　イェオック　シ　ガァンヌ　ゲ　サップ　ング　ファンヌ　チンヌ　レイ　ドウ　ヤップ　ハウ

最終入場時間は午後9時です。
最後入場時間係晚上九點。
jeui³ hau⁶ yap⁶ cheung⁴ si⁴ gaan¹ hai⁶ maan⁵ seung⁶ gau² dim²
ジェオイ　ハウ　ヤップ　チェオング　シ　ガァンヌ　ハイ　マァンヌ　セオング　ガウ　ディム

第7章：
エマージェンシー

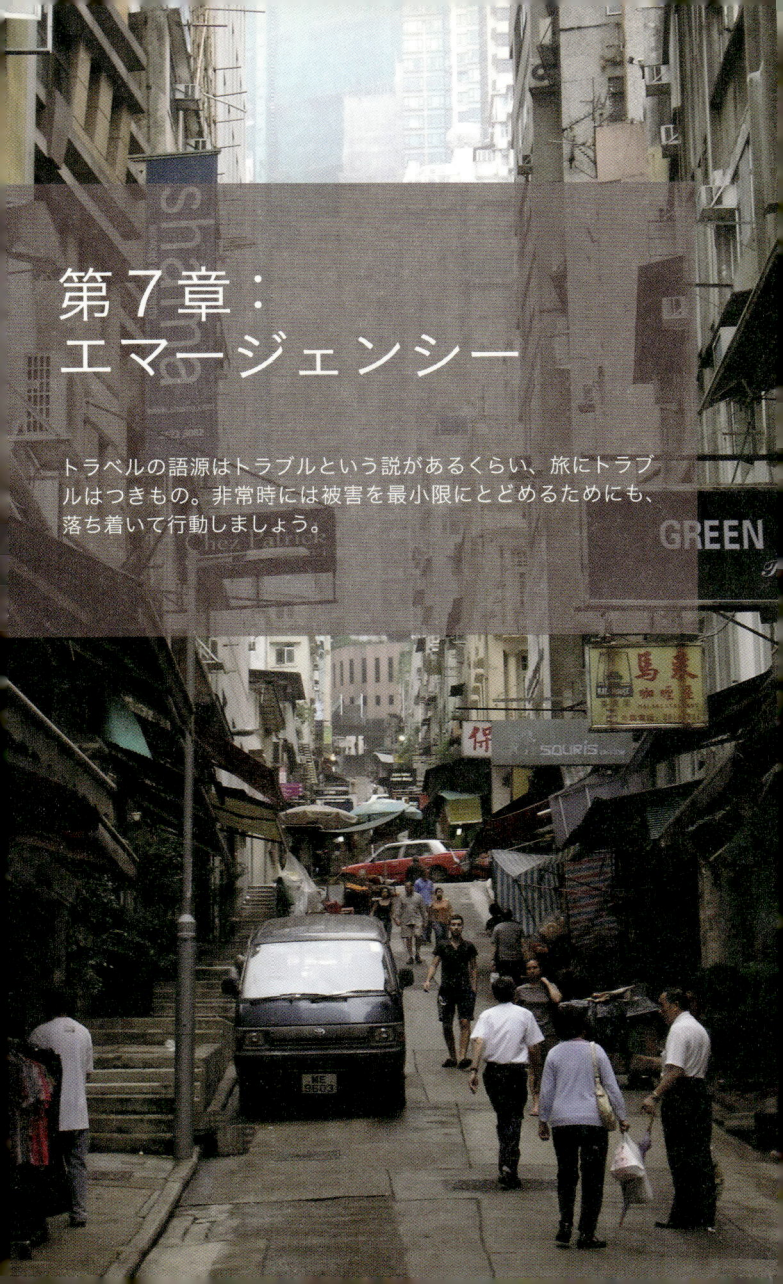

トラベルの語源はトラブルという説があるくらい、旅にトラブルはつきもの。非常時には被害を最小限にとどめるためにも、落ち着いて行動しましょう。

日本語が話せる人はいますか？
有冇人識講日文呀？
yau5 mou5 yan4 sik1 gong2 yat6 man2 a3
ヤウ モウ ヤンヌ シック ゴング ヤッ マンヌ ア

パスポートをなくしました。
我唔見咗護照。
ngo5 m4 gin3 jo2 wu6 jiu3
オ ンム ギンヌ ジョ ウ ジウ

スリにあいました。
畀人打荷包。
bei2 yan4 da2 ho4 baau1
ベイ ヤンヌ ダ ホ バァウ

お金を盗まれました。
我畀人偷咗錢。
mgo5 bei2 yan4 tau1 jo2 chin5
オ ベイ ヤンヌ タウ ジョ チンヌ

警察はどこにありますか？
警局喺邊度呀？
ging2 guk2 hai2 bin1 dou6 a3
ゲング ゴック ハイ ビンヌ ドウ ア

（警察に）通報してください。
唔該，幫我報警。
m4 goi1 bong1 ngo5 bou3 ging2
ンム ゴイ ボング オ ボウ ゲング

私の荷物がありません。
唔見咗我嘅行李。
m4 gin3 jo2 ngo5 ge3 hang4 lei5
ンム ギンヌ ジョ オ ゲ ハング レイ

道に迷いました。　私はいまこの地図のどこにいますか？
蕩失路啦。　呢張地圖上我而家喺邊度呀？
dong6 sat1 lou6 la3　ni1 jeung1 dei6 tou4 seung6 ngo5 yi4 ga1 hai2 bin1 dou6 a3
ドング サッ ロウ ラ　ニ ジェオング デイ トウ セオング オ イ ガ ハイ ビンヌ ドウ ア

気分が悪いのです。　熱があるようです。
我唔舒服。　好似發燒。
ngo5 m4 syu1 fuk6　hou2 chi5 faat6 siu1
オ ンム シュ フック　ホウ チ ファーッ シウ

吐き気がします。　救急車を呼んでください！
我想嘔。　唔該幫我 call 白車！
ngo5 seung2 au2　m4 goi1 bong1 ngo5 call baak6 che1
オ セオング アウ　ンム ゴイ ボング オ コール バァック チェ

日本語の通じる病院を教えてください。
唔該，畀我介紹識日文嘅醫院。
m⁴ goi¹ bei² ngo⁵ gaai³ siu⁴ sik¹ yat⁶ man² ge³ yi¹ yun²
ンム ゴイ ベイ オ ガァイ シウ シック ヤッ マンヌ ゲイー ユンヌ

病院に連れて行ってください。
唔該，送我去醫院呀。
m⁴ goi¹ sung³ ngo⁵ heui³ yi¹ yun² a³
ンム ゴイ ソング オ ヘォイ イー ユンヌ ア

クレジットカードは持っています。
我有信用咭。
ngo⁵ yau⁵ seun³ yung⁶ kaat¹
オ ヤウ セォング ヨング カァッ

保険に入っています。
我買咗保險。
ngo⁵ maai⁵ jo² bou² him²
オ マァイ ジョ ボウ ヒム

バッグを置き忘れました。
我漏咗手袋。
ngo⁵ lau⁶ jo² sau² doi²
オ ラウ ジョ サウ ドイ

忘れ物が届いていませんか？
我跌咗嘢，有冇人執到呀？
ngo⁵ dit³ jo² ye⁵ yau⁵ mou⁵ yan⁴ jap¹ dou³ a³
オ ディッ ジョ イェ ヤウ モウ ヤンヌ ジャップ ドウ ア

開けてください！
開門呀！
hoi¹ mun⁴ a³
ホイ ムンヌ ア

スリだ！
扒手呀！
pa⁴ sau² a³
パ サウ ア

やめてください！
唔好呀！
m⁴ hou² a³
ンム ホウ ア

助けて！
救命呀！
gau³ meng⁶ a³
ガウ メング ア

航空券
機票
gei¹ piu³
ゲイ ビウ

現金
現金
yin⁶ gam¹
インヌ ガム

カード番号
咭號
kaat¹ hou⁶
カァッ ホウ

遺失物
失物
sat¹ mat⁶
サッ マッ

薬局
藥房
yeuk⁶ fong⁴
イェオゥ フォング

腹痛
肚痛
tou⁵ tung³
トウ トング

135

田村早苗　Sanae Tamura
1993年の初上陸で高層ビルと広東路の響きに惹かれ、香港通いを始める。2004年、香港巴士鐵路旅遊協會の企画設立に参加。2012年、小柳淳著『香港ストリート物語』で『香港街道地方指南』研究』パート執筆。香港巴士鐵路旅遊協會秘書長。

小柳　淳　Jun Koyanagi
1983年香港初上陸。以来香港往復を重ね、近代的大都市に同居する猥雑さと街の活力とに魅入っている。WEBや著書を通じ香港の魅力を発信している。香港巴士鐵路旅遊協會會長。主な著書に『香港路線バスの旅』『香港ストリート物語』など。

〔香港巴士鐵路旅遊協會〕
http://www5f.biglobe.ne.jp/~hongkong/

広東語監修　太田　良子
東京生まれ。広告会社勤務を経て、香港大学に留学、広東話・普通話を学ぶ傍ら中国茶と香港モノクロ映画を研究。香港の広告会社に勤務の後、帰国。現在、翻訳・通訳、日港飲食文化交流を行っている。通訳案内士、NPO日本香港協会理事。

本文写真　田村早苗、小柳　淳
写真協力　森山正明（香港澳門写真百科事典）
　　　　　http://blogs.yahoo.co.jp/mori2hk

イラスト　小柳　淳
地図作成　花井こゆき（グロー）

アートディレクション・デザイン　木ノ下努［EddIRO］www.eddiro.com
デザイン　川上美穂・玉井里奈［EddIRO］

香港・街歩きの広東語
2014年8月20日　第1刷発行

著　者　田村早苗
　　　　小柳　淳
発行者　前田　俊秀
発行所　株式会社　三修社
　　　　〒150-0001　東京都渋谷区神宮前2-2-22
　　　　TEL 03-3405-4511　FAX 03-3405-4522
　　　　振替 00190-9-72758
　　　　http://www.sanshusha.co.jp
　　　　編集担当　斎藤　俊樹
印刷・製本　凸版印刷株式会社

©Sanae Tamura, Jun Koyanagi 2014　Printed in Japan
ISBN978-4-384-03640-4 C0087

〈日本複製権センター委託出版物〉
本書を無断で複写複製（コピー）することは、著作権法上の例外を除き、禁じられています。
本書をコピーされる場合は、事前に日本複製権センター（JRRC）の許諾を受けてください。
JRRC〈http://www.jrrc.or.jp　email:info@jrrc.or.jp　Tel:03-3401-2382〉